Contraste insuffisant
NF Z 43-120-14

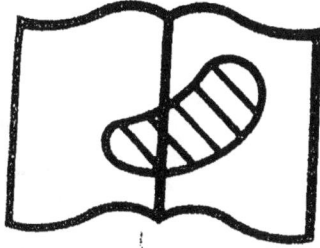

Illisibilité partielle

Valable pour tout ou partie
du document reproduit

Original en couleur
NF Z 43-120-8

## LA VIE SEIGNEURIALE SOUS LOUIS XIII

### D'APRÈS DES CORRESPONDANCES INÉDITES

LE

# VICOMTE DE POMPADOUR

### LIEUTENANT GÉNÉRAL DU ROI EN LIMOUSIN

ET

# MARIE FABRY

## VICOMTESSE DE POMPADOUR

PAR

### Gᵛᵉ CLÉMENT-SIMON

Extrait de la *Revue des questions historiques*. — Avril 1897

PARIS

BUREAUX DE LA REVUE

5, RUE SAINT-SIMON, 5

1897

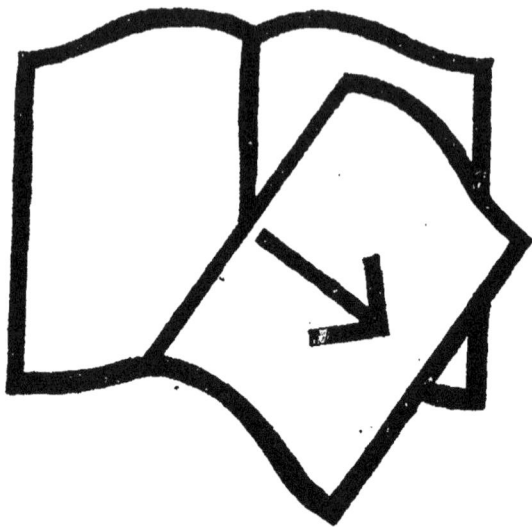

Couverture inférieure manquante

# LA VIE SEIGNEURIALE SOUS LOUIS XIII

## D'APRÈS DES CORRESPONDANCES INÉDITES

LE

# VICOMTE DE POMPADOUR

## LIEUTENANT GÉNÉRAL DU ROI EN LIMOUSIN

ET

# MARIE FABRY

## VICOMTESSE DE POMPADOUR

PAR

## ⁻Gᵗᵉ CLÉMENT-SIMON

Extrait de la *Revue des questions historiques*. — Avril 1897

PARIS

BUREAUX DE LA REVUE

5, RUE SAINT-SIMON, 5

1897

# LE VICOMTE DE POMPADOUR

## LIEUTENANT DE ROI EN LIMOUSIN

### ET

## MARIE FABRY, VICOMTESSE DE POMPADOUR

Le château de Pompadour garde d'autres souvenirs que celui de la favorite qui ne le visita jamais, mais le déshonora doublement en usurpant son nom respecté et en installant un haras dans ses antiques murailles. Avant cette décadence imméritée, il avait eu une illustration plus pure. Une vaillante race de preux chevaliers et de nobles dames, de capitaines renommés, de princes de l'Église, s'était perpétuée pendant près de huit siècles dans cette belle demeure non encore profanée. Depuis la première croisade jusqu'aux dernières convulsions de la Fronde, tous les grands drames de la vie nationale y avaient eu leur écho. De Gouffier le Grand, le héros légendaire de la prise de Marrah, à Ranulphe qui, à Poitiers, au prix de sept blessures, sauva son roi de la mort; du vicomte Jean, tué sur la brèche à Mucidan, au marquis emporté par un boulet devant Thionville, les seigneurs de Pompadour se sont inscrits aux pages de l'Histoire parmi ceux « qui nous ont fait la patrie avec leur sang. »

Aux confins des deux Limousins, entre la montagne et le bas-pays, le vieux manoir reste encore debout. Sa masse, imposante de loin, offre en se rapprochant un aspect plus élégant que formidable. Sur une motte naturelle, étagée en terrasses, il dresse ses toits aigus et ses nombreuses flèches, dont la hauteur est dépassée par quelques arbres séculaires. Une ceinture de prairies entoure le château et le village qui s'est formé à son ombre, et de fertiles collines, diaprées de cultures et couronnées de châtaigneraies, bornent par de fines découpures de feuillage cet horizon un peu étroit. Le paysage est d'une grande douceur lorsque le soleil couchant enflamme les vitres des hautes tours et dore les cimes rondes des châtaigniers, en abandonnant peu à peu et comme à regret les larges clairières qui espacent leurs troncs énormes [1].

## I.

Au commencement du XVIIe siècle, Léonard-Philibert, vicomte de Pompadour, possédait, à la suite de ses aïeux, le château et la seigneurie. Les Ventadour et les La Tour-Turenne ne résidant plus, c'était le premier personnage de la province [2]. Il n'y avait pas en France de noblesse plus pure. La mère de Philibert était une La Guiche [3] (tante du maréchal de Saint-Géran) et ses aïeules

[1] Le château de Pompadour fut bâti vers l'an mil par Gui de Lastours, dit le Noir, qui possédait en même temps les châteaux de Lastours, de Terrasson et d'Hautefort. Il fut, dans la suite, plusieurs fois reconstruit et agrandi. Geoffroi Hélie, chevalier de Ségur, reçut, par mariage, cet héritage des Lastours, au milieu du XIIe siècle. Sa postérité directe continua jusqu'à Jean, marquis de Pompadour, fils du vicomte Philibert et de Marie Fabry, et qui laissa pour héritière Marie-Françoise de Pompadour, mariée au marquis d'Hautefort. Marie-Françoise, décédée sans enfants en 1727, institua pour sa légataire universelle demoiselle Augustine-Françoise de Choiseul, avec substitution, pour la terre de Pompadour, en faveur du prince de Conti. Cette substitution eut son effet et, en 1745, le château et la terre de Pompadour furent vendus à la demande du roi, par Louis-François de Bourbon-Conti à Antoinette Poisson. Celle-ci revendit ce domaine, en 1760, au financier Joseph de Laborde. Le duc de Choiseul en ayant fait l'acquisition en 1761, le céda la même année au roi en échange de la baronnie d'Amboise. Depuis il est resté la propriété de l'État.

[2] Les Noailles n'étaient pas encore aussi en vue qu'ils le devinrent un peu plus tard.

[3] Louis, vicomte de Pompadour, avait épousé, le 3 juillet 1570, Peyronne de la Guiche, sœur de Claude de la Guiche, père de Jean-François, maréchal de France en 1619. Pompadour tenait son prénom de Philibert, de son oncle et parrain Philibert de la Guiche, grand maître de l'artillerie de France en 1578. — Louis fut un acharné ligueur, lieutenant général de la Sainte-Union en Limousin. Il mourut à l'armée de la Ligue en 1591.

en suivant la lignée sans interruption portaient les noms glorieux des Cars, de la Rochefoucauld, de la Tour d'Auvergne, de Chauveron, de Comborn, de Ventadour, de Chanac, de Rochechouart, etc. Lui-même avait fait de brillantes alliances, d'abord en 1609 avec Marguerite de Montgommery [1], puis en 1612 avec Marguerite de Rohan-Guémenée [2]. Il était veuf pour la seconde fois sans enfants. Quoique sa fortune fût très considérable, composée de terres de premier ordre : vicomté de Pompadour, baronnies de Bré et de Treignac et autres seigneuries lucratives, qu'il eût hérité de ses deux femmes et jouit d'une pension du roi, ses affaires n'étaient pas en bon point. Ces embarras dataient de loin. Le vieux château des Lastours, reconstruit dans le goût de la Renaissance par Geoffroy de Pompadour, grand aumônier de France [3], avait souffert pendant les guerres de religion et, depuis, était délabré, réclamait de coûteuses réparations. La mère de Philibert, remariée à Gabriel de Pierre-Buffière, seigneur de Lostanges, n'était pas restée bonne mère pour ses enfants du premier lit. Sous prétexte de recouvrer sa dot, elle avait mis au pillage les biens des mineurs, ruiné le château, enlevé les meubles, fait argent de tout, même des armes et munitions de défense. Durant sa jeunesse, Philibert avait été relégué dans une métairie, tandis que les sieur et dame de Lostanges habitaient et dévalisaient son manoir. Arrivé à l'âge d'homme, il aurait eu besoin de beaucoup d'ordre et de sagesse pour reconstituer sa fortune, mais il était d'un naturel insouciant et prodigue, et la laissait péricliter davantage. Un nouveau et plus riche mariage lui était nécessaire pour soutenir son train et relever l'éclat de sa maison. Il épousa en troisièmes noces la fille d'un financier.

Le 2 avril 1618 fut passé, à Paris, son contrat de mariage avec Marie Fabry, fille de Jean Fabry, seigneur de Champauzé, trésorier général de l'extraordinaire des guerres, et de Marie Buatier.

[1] Fille de Jacques, comte de Montgommery, et de sa seconde femme Aldonce de Bernuy de Carmaing et de Foix, veuve de Gui de Clermont-Lodève.
[2] Fille de Louis de Rohan, prince de Guémenée, et d'Éléonore de Rohan, dame de Gié. Elle avait épousé en premières noces Charles, marquis d'Épinay, comte de Durétal.
[3] Évêque de Périgueux et du Puy, président de la Cour des Aides, premier président de la Chambre des Comptes, etc. ; compromis avec Georges d'Amboise et Philippe de Commines, ses amis, dans la conjuration du duc d'Orléans contre Anne de Beaujeu.

Cette union ne fut pas sans exciter les critiques de la haute noblesse. Saint-Simon,. en quelques mots, nous laisse voir cette impression. « Il s'éloit, dit-il, bien différemment marié, d'abord à une Montgommery, après à une Rohan-Guéménée, sans enfant d'aucune, puis à une Fabry dont il en eut [1]. »

La famille Fabry n'était pas sans prétentions quant à sa propre origine et voulait descendre en ligne directe d'un gentilhomme toscan, compagnon de Louis IX à Saint-Jean-d'Acre et que le saint roi avait ramené en France [2]. Quoi qu'il en soit, elle était alors, par la considération et la fortune, au premier rang de la grande bourgeoisie parisienne. Une autre fille du trésorier des guerres avait fait aussi un beau mariage, mais dans un autre milieu. Madeleine Fabry, sœur aînée de Marie, avait épousé Pierre Séguier, seigneur d'Aultry, conseiller au Parlement de Paris, futur garde des sceaux et chancelier de France. Leur unique frère, Fabry de Villevesque, qui succéda aux charges de son père, ne se maria pas.

M. Fabry était ambitieux pour ses filles. L'état des affaires de Pompadour et son caractère lui étaient connus. Il savait qu'il devrait faire d'importants sacrifices pour remettre en son lustre cette splendeur obscurcie et qu'il aurait à déployer dans ce but une énergie, une persévérance à toute épreuve, une application sans relâche. Ces qualités ne lui manquaient pas et l'argent abondait dans ses coffres. Il était glorieux de faire de sa fille cadette la première dame d'une province, une vicomtesse alliée aux plus grandes maisons, au sang royal [3], et il se flattait de faire parvenir son gendre aux grandes charges et aux honneurs. Rien ne fut négligé par ce beau-père modèle pour remplir son dessein, et nous verrons quelle activité, quelle passion il y employa, mais qui étaient à tout instant contrariées, paralysées par les habitudes de son gendre.

Pompadour avait trente-trois ans à l'époque de son mariage

[1] *Mémoires de Saint-Simon*, t. V, ch. xxviii, éd. Hachette.
[2] Hugues Fabri, originaire de Pise, croisé en 1254, se fixa en Provence. Ses descendants y formèrent diverses branches. A l'une d'elles appartenait le père de la nouvelle vicomtesse. De cette même branche était Nicolas Fabry, seigneur de Peiresc, conseiller-clerc au Parlement d'Aix, célèbre Mécène et l'un des plus savants hommes de son temps (1580-1637).
[3] Suzanne des Cars, grand'mère de Philibert, était fille d'Isabeau de Bourbon, princesse de Carency.

avec Marie Fabry [1]. D'une belle prestance, homme de guerre et
de cour, c'était un type de générosité, de faste et de laisser-aller.
Libéral à l'excès, dépensant sans compter, aimant la représen-
tation, la chasse, le jeu, désespérant son beau-père par ces
façons si éloignées de l'économie bourgeoise. La plupart de ses
terres étaient engagées à vil prix [2], ses domestiques ne tou-
chaient pas leur salaire, au contraire, prêtaient de l'argent à
leur maître ; son carrosse fut plus d'une fois saisi, mais il avait
des gentilshommes servants, des fauconniers, des pages, et ne
voyageait à l'ordinaire qu'à dix chevaux. En bon pied, d'ailleurs,
dans l'opinion et à la cour, de l'affinité du roi, bien vu des ministres, réputé brillant capitaine, venant de renouveler ses
preuves, tout récemment, en 1615, par la victoire de Davignac,
remportée avec le comte de Schomberg sur les brouillons du
Limousin.

Quant à celle qui fut sa troisième femme, Tallemant des Réaux
en a dit quelques mots à l'emporte-pièce, avec sa crudité coutu-
mière. C'était une dévergondée qui se divertissait avec les sui-
vants de son mari, « et il avoit de la peine à en garder, car elle
n'étoit point jolie et peut-être ne payoit pas bien.... Deux hommes
d'affaires de la famille vivoient scandaleusement avec elle.... »
Il a aussi fait le compte du mari. « Ce gros homme ne se tour-
mentoit guère de ce que faisoit sa femme et lui laissoit gouver-
ner sa maison qu'elle a rétablie et son corps comme il lui
plaisoit [3]. » Mais la plupart des *Historiettes* semblent empruntées
à des laquais congédiés ; Tallemant n'est qu'un Saint-Simon
d'antichambre.

---

[1] Né en 1585. Il avait, dès sa jeunesse, servi en Savoie, lors de l'affaire du
marquisat de Saluces. Le médecin Guyon de la Nauche, dans la dédicace du
*Miroir de beauté et santé corporelle* (Lyon, 1612), dit qu'il avait la plus
belle taille de personnage qu'on pût voir de son temps.

[2] La baronnie de Treignac, dont le revenu était de 3,000 livres, sans compter l'honorifique, était engagée pour 36,000 livres au sieur Auguet de Laporte
(Inventaires manuscrits du trésor de Pompadour).

[3] *Historiettes* de Tallemant des Réaux, art. du Marquis d'Excideuil. — Le
chancelier Séguier était la bête noire de Tallemant, comme on peut le voir
dans le long article qu'il lui a consacré, et cette méchante langue a diffamé
tout ce qui touchait de près ou de loin au chancelier, notamment les parents
ou alliés de sa femme. Aucun des Fabry n'a échappé. Quoique le savant Peiresc, dont l'honorable origine était notoire, reconnût pour être de son sang
le trésorier général, Tallemant assure que celui-ci avait pour père un petit
*clerico* et pour grand-père un serrurier. Ainsi du reste.

Si les portraits étaient exacts, il ne vaudrait vraiment pas la peine de mettre ces deux figures en lumière. Cette vicomtesse se galvaudant avec ses domestiques, ce mari lourd d'esprit, indifférent à ces débordements, cela ne mériterait guère de sortir d'un juste oubli. Dans les documents de l'époque, Marie Fabry et Philibert de Pompadour apparaissent sous un moins triste jour. Nous connaissons le rôle public joué par le mari, il n'annonce pas un caractère méprisable. Nous suivons la femme de son mariage à sa vieillesse à travers les actes de la vie civile, nous avons un aperçu de son esprit et de ses mœurs dans de volumineuses correspondances, dans des papiers de famille, où la nature est prise sur le vif. Il n'en résulte pas que la vicomtesse vécut dans une simplicité et une austérité de mœurs qui n'étaient ni de son rang ni de son époque, il en ressort toutefois que les médisances de Tallemant sont outrées et sans vraisemblance. Ni pour le mari ni pour la femme, son jugement ne s'accorde avec les traces que ces deux époux ont laissées de leur existence commune. Ce qui est encore plus certain, c'est que Marie Fabry fut une femme de tête, d'une volonté et d'un courage à l'épreuve de toutes les difficultés, et qui sut mener jusqu'au bout la mission qu'elle s'était donnée de relever sa maison et d'assurer l'avenir de ses enfants. Nous ne prenons pas pour tâche, du reste, de réhabiliter sa vertu, et ce n'est pas tant sa personnalité que nous voulons mettre en relief que faire à son occasion une étude d'histoire intime, montrer un coin de la vie provinciale, les habitudes, les mœurs, le train de vie de la noblesse et de la haute bourgeoisie aux temps troublés de Louis XIII, sous Luynes et sous Richelieu. Marie Fabry et son époux ne sont pas des héros de roman. Leur carrière n'est pas remplie de drames saisissants ou de péripéties imprévues. L'analyse de leurs caractères n'est pas compliquée. A vrai dire, ils ne se distinguent par aucune particularité bien saillante des autres personnages de leur rang et de leur milieu. Ils nous offrent, dans un cadre de circonstances locales et avec quelques côtés personnels, le type courant de l'existence d'un grand seigneur et d'une grande dame de province au commencement du xviiᵉ siècle. Quoiqu'un peu banales, ces figures ne sont pas indignes d'être peintes au naturel et dans leurs détails. Elles résument la physionomie de leur temps, elles donnent la moyenne des sentiments, des idées, des goûts de leur classe; à notre avis, elles présentent un intérêt plus sérieux que ces exceptions brillantes ou étranges qui piquent davantage la curiosité, mais ne reflètent rien de l'état social, des tendances morales et de la vie domestique d'une époque.

## II.

La révolte des princes contre le gouvernement de Marie de Médicis avait eu son contre-coup en Bas-Limousin. Les brouillons du temps de la Ligue n'avaient pas tous disparu. De nombreux gentilshommes besogneux et mécontents avaient repris les champs. Plusieurs villes, Argentat et la Xaintrie [1], étaient comme détachées de l'autorité royale. En l'année 1615, toute la province fut couverte de troupes rebelles. Le commerce était suspendu, la justice ne fonctionnait plus, les sergents refusant de sortir des villes murées pour l'exécution des arrêts [2]. Du côté de la Marche, le sieur du Pescher (Edme de Saint-Chamans) s'avançait avec trois régiments pour attaquer Tulle. Vers la Basse-Auvergne, les sieurs de Soudeilles et de Senneterre [3] massaient des troupes dans un camp improvisé. Aux environs de Brive, les Saint-Marsault, les Lubersac [4], dans la vicomté de Turenne, le gouverneur Vassignac et le sieur de Pierre-Buffière [5] formaient chacun leur petite armée. La capitale du Bas-Limousin, menacée de toutes parts, fut un moment en grand danger. Le comte de Schomberg, qu'on appelait alors le comte de Nanteuil [6], lieutenant général de la province sous le duc d'Épernon,

---

[1] Ville et contrée de l'arrondissement de Tulle, vers le Cantal.

[2] Décembre 1615. Les sergents royaux du sénéchal de Tulle font constater devant notaire qu'ils ne peuvent exercer leur ministère hors de la ville, attendu que tout le pays vers la Xaintrie est occupé par des gens de guerre portant les armes contre le service du roi. (Manuscrits *ap. me.*)

[3] Annet de Soudeilles, seigneur de Lieuterets, plus tard capitaine des gardes du duc de Montmorency. — Jacques de Senneterre, baron de Saint-Victour. Ils opéraient vers Bort et Meymac (arrond. d'Ussel). Documents manuscrits.

[4] Charles Green de Saint-Marsault, vicomte du Verdier. — Charles de Lubersac, seigneur de Chabrignac.

[5] Gédéon de Vassignac ou son fils Henri. — Jean de Pierre-Buffière, vicomte de Comborn, marquis de Châteauneuf.

[6] Henri de Schomberg, lieutenant général du Limousin en 1608, gouverneur en 1622, maréchal de France en 1625. Il avait épousé en premières noces Françoise d'Épinay, sœur du marquis d'Épinay, dont la veuve, Marguerite de

gouverneur, se rendit à Tulle à marches forcées. Il n'avait que quelques hommes de garde et ne put recruter que des milices peu aguerries, mais Pompadour, de son initiative, vint le rejoindre avec ses amis. Le lieutenant général se porta alors au-devant du sieur du Pescher et lui infligea une sanglante défaite à Davignac, près Meymac. L'honneur de cette journée, qui sauva la clé de tout le bas-pays, avait été pour Pompadour et ses carabins, dont l'entrain décida la victoire [1].

La mort de Concini, la disgrâce de la reine mère, loin d'amener le calme, firent redoubler les intrigues. Les grands seigneurs, en haine du nouveau favori, le jeune Luynes, prenaient maintenant parti pour la reine. L'État fut livré à un désordre général.

Dans le mois même du mariage de Philibert de Pompadour et de Marie Fabry, les événements s'aggravèrent. Luynes venait de mécontenter fortement le duc d'Épernon, en faisant donner la barrette à Henri de Gondi (mars 1618), au détriment de l'archevêque de Toulouse, fils du duc, qui avait pour cela la parole du roi. L'hostilité latente entre ces deux puissants personnages se déclara ouvertement. Au mois de mai, d'Épernon quittait la cour, laissant deviner de dangereux desseins, et se retirait dans son gouvernement de Metz. Comme il était aussi gouverneur du Limousin, son influence était grandement à redouter dans cette province. La fermentation à peine assoupie s'y réveillait. Pompadour dut quitter sa femme pour parer aux circonstances.

M. Fabry avait pris en main la direction des affaires de son gendre. Il lui avait donné des secrétaires, des comptables d'une expérience sûre, méritant toute confiance et qui devaient porter la hache des réformes dans une administration vicieuse à l'excès. De ce nombre était le sieur Foucher, qui prit la qualité d'intendant de la maison de Pompadour. Il avait fait ses preuves, ayant été pendant dix ans hommes d'affaires du président de Pontac, à Bordeaux.

Pompadour ne pouvait songer à s'éloigner de son château. Il

Rohan, s'était remariée à Philibert de Pompadour. Quoique cette belle-sœur de Schomberg n'eût pas eu d'enfants et que Pompadour se fût remarié, l'un et l'autre se traitèrent toujours de beaux-frères, et dans leur correspondance très suivie ils s'écrivaient : « Monsieur mon cher frère. »

[1] Pompadour avait mis sur pied, en 1614, pour servir le roi, sept compagnies de carabins et mousquetaires à cheval de cinquante hommes chacune.

appelait impatiemment sa femme. Malgré la mauvaise saison,
elle se décida à venir le rejoindre. Marie Fabry partit pour le
Limousin au mois de novembre, accompagnée de M. Foucher et
de deux femmes de service. Comme on faisait alors, elle s'ache-
mina à petites journées, en carrosse, avec un chariot pour les
bagages. Le voyage ne fut pas sans incidents. En sortant de
Romorantin, un des essieux du chariot se brisa. Le conducteur
déposa son chargement et partit « sans dire adieu. » On eut la
plus grande peine à le remplacer. Les routes étaient si mau-
vaises que pour avancer il fallut mettre huit chevaux au carrosse.
Enfin on arriva à Pompadour vers la fin de décembre. La dépense du voyage avait été de treize cents livres [1].

La boue et la glace gâtèrent l'entrée triomphale de la châtelaine. Son beau-frère, le baron de Laurière, ses trois belles-
sœurs, M^mes de la Chapelle-Biron, de Montmège et de Mimole [2],
avec quarante gentilshommes de leurs parents et une foule d'amis
ou de vassaux, étaient allés l'attendre à la limite de ses terres, à
deux heures de marche du château, pour lui souhaiter la bien-
venue. Plusieurs jours se passèrent en fêtes brillantes, les visiteurs se succédèrent. Un grand éclat fut donné à ces premières
réceptions.

Mais, ce tribut payé aux convenances et au plaisir, il s'agissait de s'occuper sérieusement des réformes urgentes. Dès son
arrivée, Foucher se met au courant et au jour le jour rend
compte à M. Fabry de ses observations. « Le désordre est invé-
téré, le remède sera difficile. Le principal homme d'affaires,
nommé Maillot, est un hypocrite. Son logement est garni de
têtes de mort, de tableaux de mortification, de croix, de béni-
tiers, mais il entretient une concubine à pot et à feu. Il néglige
complètement son office. Quoique la récolte ait eu lieu depuis
longtemps, il n'a encore rien retiré des rentes et des dîmes. Il
ne tient aucun livre de recettes et de dépenses, Monseigneur
n'er ^yant jamais voulu rien voir. Le mobilier a été mis au

---

[1] L... ^e le Foucher à M. Fabry, décembre 1618. Nous faisons toutes nos
citatio. ^e correspondances d'après les originaux inédits en notre possession.
[2] Phil. ^1 . avait un frère et trois sœurs : Jean, baron de Laurière, dans le
Haut-Lin.. usin ; Suzanne, mariée (1590) à Jean-Charles de Carbonnières, seigneur de la Chapelle-Biron, en Quercy ; Jeanne, mariée (1593) à Jean de
Souilhac, seigneur de Montmège, en Quercy ; Louise, femme de René
de Corailh, seigneur de Mimole et du Mazet en Haut-Limousin.

pillage. Tout est en ruine que cela crève le cœur. Mais ce qui reste se ressent d'une bonne et ancienne maison. Les domestiques sont en nombre excessif, surtout pour la chasse, et ne sont pas payés. Il ne faut pas parler à Monseigneur de réformes. Il est ennemi de tout changement et de tout tracas [1]. »

La jeune châtelaine se met à l'œuvre de son côté. Elle mord à la peine, prend en main le gouvernail, veut tout connaître, tout réorganiser. « Elle aime la ménagerie, dit Foucher. A toutes les occasions qui s'offrent pour les affaires et économies, je fais mouvoir le nom de Madame et veux donner cette forme que tout soit conduit par le commandement de Madame. » Elle se montre même un peu trop autoritaire, trop sèche. Pompadour trouve qu'elle n'est pas assez accueillante pour ses parents et ses amis. Foucher, qui a « mission de mettre tout en ordre, » le constate et croit devoir en avertir le père. « Je rabats ces formes d'extrémité tant qu'il m'est possible, car je vois que cela donne du mécontentement à Monseigneur, lequel, néanmoins, aime si tendrement Madame, qu'il n'ose la contredire en rien.... Et voudrois, continue l'intendant, qu'elle se portât à caresser davantage qu'elle ne fait ceux qui la viennent voir, chacun selon sa qualité et mérite. Je lui en ai dit ce qu'il m'en semble, même pour ses proches. Je reconnais que cela changera, et que c'est faute d'avoir particulièrement connoissance comme l'on a accoutumé vivre dans ce pays où chaque saint demande sa chandelle et son suffrage [2]. »

Voilà le caractère tracé. Impérieuse, d'humeur rude mais or-

---

[1] Lettre de Foucher, décembre 1618. — Malgré les dilapidations de Peyronne de la Guiche, il y avait encore dans le château de très belles tapisseries, des pièces d'argenterie, des bijoux précieux. Voici quelques extraits de l'inventaire des joyaux de famille mis par Pompadour dans la corbeille de Marie Fabry : «....Un anneau d'or auquel est enchâssée une émeraude en cœur, taillée en cadran et deux petits rubys sur le corps; un miroir de christal de roche, carré, taillé et l'or esmailhé, à quatre coins d'agathe et une agathe en ouvale, s'ouvrant en forme de boite à pourtraict; une montre de christal garnie d'or ou sont enchâssés quatorze rubys en table avec deux petites chesnes d'or; un collier de 52 perles rondes, grosses; un collier de 60 perles rondes ou sont pendantes 13 grosses perles en poire garnies d'or, qui a esté à feu dame Marguerite de Montgommery; une chapelle de cornaline blanche avec sept figures d'or en rond de bosse, différentes, y ayant à chacune 24 diamants en table ou en triangle, avec un pendant d'or au bout, ayant une agathe en relief, historiée d'une Nostre Dame ; une enseigne d'or de 28 diamants en œuvre.... » (Manuscrit *ap. me.*)

[2] Lettre de Foucher, janvier 1619.

donnée, économe même, de volonté ferme et persistante. Il faut
y ajouter une grande indépendance, l'orgueil de son rang, certains goûts de plaisir, l'amour du mouvement, de la chasse, des
voyages. Telle elle se montre dès le premier jour, telle elle
restera jusqu'à la fin. Ces qualités et ces défauts convenaient
assez bien à la situation dans laquelle elle devait vivre. L'énergie, l'esprit de conduite lui étaient fort nécessaires. Elle s'ins-
tallait en Limousin dans des temps critiques. L'embarras de ses
affaires privées allait se compliquer du trouble des affaires
publiques, des désordres de la guerre civile. Son mari, d'une
race militaire, ne songeait qu'à bien figurer dans le monde,
à s'acquérir bonne renommée comme ses aïeux et dédaignait
tout autre souci. Un mois s'était à peine écoulé que Marie Fabry,
âgée de vingt ans à peine (elle était née en 1599), entrait de
plain-pied dans une existence fiévreuse, remplie d'alarmes et de
périls.

Pompadour était dans de grandes perplexités. D'Épernon, qui
avait pris parti pour la reine mère, était son ami, lui avait rendu
des services. Gouverneur du Limousin, il voudrait sans doute
entraîner la province et réclamerait dans ce but l'assistance des
gentilshommes influents. Se laisser gagner à sa cause, lui faire
des promesses, c'était s'engager peut-être dans la voie la plus
imprudente, la plus dangereuse. D'autre part, le comte de
Schomberg, lieutenant du roi sous d'Épernon, était plus qu'un
ami pour Pompadour. Ils se considéraient comme proches parents. Les plus étroites et plus affectueuses relations existaient
entre eux. Schomberg était absolument dévoué aux intérêts du
roi. Dans ce grave conflit qui allait se dérouler sans doute jusqu'à la lutte à main armée, il était difficile de ne pas rompre
avec l'un ou avec l'autre. Au fond, Pompadour était porté à servir le roi ; M. Fabry, par sa fonction, par ses idées bourgeoises,
réprouvait nettement toute rébellion contre le prince légitime.
Sa fille était dans les mêmes idées. Mais alors il fallait se séparer
du gouverneur.

En effet, d'Épernon venait de quitter Metz sans le congé du
roi. Il devait traverser le Limousin pour se rendre en Angou-
mois. M. de Verdelin, son écuyer, prenant les devants, était le
7 février à Limoges. Il annonça à Foucher, qui s'y trouvait aussi,
l'arrivée du duc pour le mercredi suivant, et lui remit une lettre

par laquelle son maître priait Pompadour de venir le voir à son passage à Saint-Léonard. Dans ces termes réservés, Pompadour ne pouvait décliner l'invitation. Il alla donc au rendez-vous, mais sans apparat, avec son train ordinaire de dix chevaux (c'est-à-dire de dix gentilshommes ou serviteurs montés), bien que force de ses amis, instruits de ce voyage, fussent venus se mettre à sa disposition. Le 10, il arriva à Saint-Léonard, où d'Épernon entra vers quatre heures. Sa suite était de cent cinquante chevaux, tous ces cavaliers avec le pistolet à l'arçon et la carabine au côté. Mais il n'y avait guère de gens de marque, écrit Foucher. Les principaux étaient le baron d'Ambleville, le sieur de Bordes et deux ou trois autres de cette volée.

D'Épernon, qui avait son plan arrêté, fit des ouvertures à Pompadour. Laissant en dehors la querelle du roi et de sa mère, il lui demanda s'il pouvait compter sur ses services au cas où son dissentiment avec le favori l'obligerait à se mettre en campagne. Pompadour, quoique mauvais diplomate, garda une attitude prudente, ne donna que des réponses évasives. Sa femme lui avait fait la leçon, et Foucher, qui l'avait accompagné, le surveillait de près.

Le lendemain matin, les deux troupes quittèrent ensemble Saint-Léonard. D'Épernon insistait pour que Pompadour entrât avec lui à Limoges, mais il ne put l'y décider. Après avoir cheminé de compagnie l'espace d'une lieue, Pompadour tourna bride et revint chez lui [1]. D'Épernon ne désespérait pas de le séduire. Il l'avait invité, dans leur entrevue, à venir prochainement chasser à Angoulême. Il renouvela, quelques jours après, l'invitation par écrit, mais ce second appel n'eut pas plus de succès. Les événements marchaient à grands pas. Le duc avait embrassé ouvertement le parti de la reine mère et complotait son évasion du château de Blois, où elle était prisonnière. Dans la nuit du 21 au 22 février, la veuve de Henri IV, ayant retroussé ses jupes autour de sa ceinture pour être plus libre de ses mouvements, enjambait une fenêtre du château et descendait par une échelle jusqu'à la plate-forme. De la plate-forme à la rue, l'échelle n'étant plus assez longue, elle s'asseyait sur un manteau, et le comte de Bresne et Duplessis la faisaient ainsi glisser sur le

[1] Lettre de Foucher, février 1619.

terrain incliné. Elle s'enfuyait ensuite rapidement à travers les rues de Blois, et ses propres officiers, qui entrevoyaient dans l'ombre cette femme retroussée entraînée par deux hommes, lui jetaient au passage des plaisanteries grossières. « Ils me prennent pour une bonne dame, » disait-elle en riant [1]. Mais, au prix de ces humiliations et de ces dangers, elle était libre. La guerre était ouverte entre la mère et le fils.

La nouvelle de ce coup hardi arriva promptement en Limousin. En prévision des événements, Pompadour s'occupait de mettre ses châteaux en état de défense, ou plutôt, appréciant déjà le caractère de sa femme, il la chargeait de ce soin et se consacrait aux préparatifs indispensables pour entrer en campagne. Le roi, pour l'attacher à son parti, venait d'augmenter sa pension de deux mille livres et de lui donner commission de lever une compagnie de gens d'armes [2]. Un équipage sortable à sa condition devait coûter beaucoup, et il était sans argent. La dot de Marie Fabry avait servi à payer les dettes pressées. Sur ses ordres, Foucher écrivait à M. Fabry que Monseigneur avait un besoin immédiat de quatre ou cinq mille écus pour enrôler des lieutenants et des soldats, sans parler des armes qu'il faudrait acheter incessamment et des ouvriers qu'on recrutait chaque jour pour fortifier les châteaux. L'intendant obéissait, mais prêchait en même temps la raison, la modération dans les dépenses. Marie Fabry, par condescendance pour son mari et aussi sans doute parce qu'elle n'entendait pas être gênée dans sa direction, rabroua le donneur d'avis. Celui-ci répondit assez vivement. La vicomtesse lui donna pour ainsi dire son congé. Foucher faillit se retirer, et c'eût été une grande perte pour la maison, mais « considérant qu'il étoit au service de M. Fabry, au moins autant qu'aux ordres de sa fille, » il dévora l'affront et resta à son poste, seulement il porta ses plaintes au père. Il se montre très découragé. C'est assez d'avoir à lutter contre la coalition des hommes d'affaires qui cherchent à échapper à son contrôle et décrient sa capacité auprès de Monseigneur. Il croit pouvoir supporter avantageusement la comparaison avec eux. Son passé parle pour lui. Ils ont laissé perdre par incurie tous les procès de Monseigneur,

---

[1] *Vie de Marie de Médicis*, t. II, p. 515. (Paris, 1774.) Voir aussi *Mémoires de Richelieu*, coll. Michaud, t. XXI, p. 191.
[2] Brevets de février 1619. La pension était ainsi portée à 4,000 livres.

même celui de M<sup>me</sup> de Saint-Germain [1], dont lui-même se mêla pour ladite dame, avant son entrée au service de Monseigneur, et qu'il sut faire gagner à sa cliente. « Pour moi, ajoute-t-il, durant dix années que j'ai tenu les affaires de M. le président de Pontac, j'ai fait juger en sa présence ou absence vingt-deux procès, et j'en ai gagné sur tous les points dix-sept et accordé les autres qui étoient assez chatouilleux.... » Il entend avoir la bienveillance de ceux qu'il sert. Tout en s'excusant d'avoir, dans sa discussion avec Madame, « élevé la voix plus qu'il ne devoit le faire et dit quelques mots un peu licentieux et qui l'ont picquée, » il présente ses critiques sur la conduite de sa maîtresse. « .... Elle gêne son mari dans ses préparatifs pour la guerre. Les absences qu'il est obligé de faire ne sont supportées par elle qu'avec impatience.... Monseigneur ne sait où donner de la tête. Il n'est pas plus tôt parti qu'on le rappelle impérieusement. S'il va à la guerre, comme il n'est que trop probable, il sera constamment tourmenté par le souvenir de Madame s'inquiétant au logis. Il est fort à craindre qu'il ne soit porté à revenir trop souvent la consoler et qu'il ne s'expose à être surpris sur les routes ou ne perde les occasions favorables de se montrer. » M. Fabry calme Foucher et met à sa disposition, à Limoges, les cinq mille écus demandés.

Bientôt l'intendant réclame au nom de Madame de nouveaux subsides. Pompadour est encore absent pour le recrutement de sa troupe. On s'attend à ce que la guerre soit portée en Limousin. La situation est si pressante que Madame a cru devoir prendre l'initiative d'écrire aux amis de Monseigneur de se tenir prêts à marcher. M. Fabry reconnaît que les circonstances sont graves et envoie une nouvelle lettre de crédit. Elle est réalisée pour payer les maçons, charpentiers et serruriers qui travaillent au château, sous la direction de la vicomtesse. Pompadour revient et fait à son tour expédier plus de cent lettres aux gentilshommes du pays.

L'argent était encore épuisé. M. Fabry avait acheté des armes, mais elles n'arrivaient pas. Elles devaient être apportées par mer à Bordeaux, en même temps que celles qui étaient atten-

---

[1] Isabeau de Pompadour, veuve du baron de Saint-Germain-Beaupré, dans la Marche, tante de Philibert.

dues par le duc de Mayenne [1]. Malgré les plus actives démarches, on n'en avait pas de nouvelles. La formation de la compagnie de gens d'armes était arrêtée par le manque de ressources. Les libéralités du beau-père, quoique très larges, ne suffisaient pas. Pompadour était très mortifié de ne pouvoir se faire honneur et cherchait de tous côtés à emprunter mille pistoles. Il souhaitait fort que la querelle s'accommodât et qu'il n'eût pas à se déclarer; mais son espérance devait être promptement déçue.

### III.

M. de Schomberg, subordonné de d'Épernon en Limousin, mais le véritable représentant du roi dans les circonstances, venait d'écrire à tous ses amis et particulièrement à son beau-frère. Les hostilités allant s'engager, il les mettait en demeure de choisir entre le roi et les brouillons, et les invitait à se préparer à le suivre dès sa prochaine arrivée dans le pays. Il annonçait en même temps à Pompadour que le roi, confiant dans sa fidélité, lui accordait la création d'un régiment de dix compagnies de cent hommes de pied, le nommait mestre de camp dudit régiment et capitaine d'une des compagnies, avec commission pour la levée et mise sur pied [2]. Schomberg déclarait qu'il allait s'avancer en Limousin pendant que M. de la Rochefoucauld se dirigerait vers le Poitou. L'organisation du régiment réclamait de nouvelles et plus fortes dépenses, mais cette faveur mettait Pompadour hors de pair dans la province. M. Fabry, très flatté dans son amour-propre, assurait qu'il contribuerait aux frais pour une bonne part. Les officiers ne manquaient pas, les soldats étaient plus difficiles à trouver et ne s'embauchaient qu'argent comptant. M. Fabry expédiait trois mille livres pour les premières recrues et promettait l'envoi très prochain de plus forte somme. Il se montrait désolé de ce que les armes qu'il avait achetées ne fussent pas encore livrées à Bordeaux.

Le parti du roi se mettait en mouvement. MM. de Mayenne et de Montpezat [3] rassemblaient leurs amis et avaient écrit à plu-

[1] Henry de Lorraine, duc de Mayenne et d'Aiguillon (1578-1628).
[2] Brevet du 26 février 1619.
[3] Henry des Prez de Montpezat, un moment évêque de Montauban et qui avait quitté la mitre pour les armes. Il mourut cette année même, 1619, au mois d'août.

sieurs gentilshommes voisins de Pompadour. Ceux-ci lui en avaient référé en lui demandant s'il ne comptait pas lui-même les employer bientôt. Il leur avait répondu qu'ils devaient préférer le service de M. de Mayenne à tout autre, et la plupart étaient partis pour le rendez-vous fixé à Coutras au 24 mars. Pompadour retardait son entrée en campagne, d'abord parce que la compagnie de gens d'armes et le régiment n'étaient pas prêts, puis parce qu'il ne voulait s'engager qu'à bon escient. Malgré sa résolution de servir le roi, il lui répugnait toujours beaucoup de se brouiller avec d'Épernon, de se déclarer contre la reine mère, qui pouvait tout à coup arranger sa querelle avec son fils. Foucher faisait part à M. Fabry des embarras de son maître. « Monseigneur, craignant d'être employé à quoi il ne se pourroit refuser. s'est résolu d'aller faire un voyage de quinze jours dans la montagne, en attendant qu'on puisse juger ce que deviendra ce bruit. » Il ajoutait, sous la dictée de Madame : « Il seroit à désirer que Monseigneur reçût commandement du roi de ne bouger de sa maison.... Si M. d'Épernon l'emploie et que ce ne soit contraire au service de Sa Majesté, il ne se pourra excuser. C'est pourquoi, advisez, Monsieur, au remède et qu'il soit prompt, vu la conséquence. Je vous donne cet avis au desçu de tous sauf de Madame qui me le commande [1]. »

Pompadour revient et ne peut plus tergiverser. Son inaction est déjà mal jugée. Il se décide à envoyer Foucher vers M. de Mayenne pour l'assurer de son concours et aussi pour tâcher de recouvrer les armes toujours attendues. Foucher trouva le duc à Agen et fut d'autant mieux accueilli que le bruit avait couru que Pompadour s'était déclaré pour la reine mère et était allé la trouver à Angoulême. Mayenne venait précisément de lui écrire pour le détourner de cette résolution.

Foucher était à Agen le 23 mars, le jour même où le maréchal de Roquelaure [2] y arrivait avec une cavalcade de cent gentilshommes pour sceller sa réconciliation avec le duc de Mayenne. Il y eut de grandes fêtes, des dîners où l'on porta la santé du roi, des assemblées où la ligue fut jurée contre d'Épernon. Mais l'accord faillit se rompre de nouveau. Dans une de ces réunions,

[1] Lettre de Foucher, 16 mars 1619.
[2] Antoine, baron de Roquelaure (1544-1625).

pendant que le duc et le maréchal jouaient au piquet, un gentilhomme du maréchal, nommé L'Erbelade, provoqua grossière-
ment le commissaire de l'artillerie de Mayenne, nommé La
Couronne. Un duel eut lieu sur-le-champ, à la promenade du
Gravier, et L'Erbelade tua La Couronne. Les deux joueurs de
piquet n'avaient pas fini leur partie qu'on leur apporta la nouvelle. Mayenne fut furieux, s'emporta, d'autant plus que La
Couronne était un de ses plus vaillants serviteurs. Il parla de
mauvaise foi, de guet-apens, ordonna qu'on fît le procès tant
au mort qu'au meurtrier et à leurs seconds, et quitta brusque-
ment le maréchal. On les rapprocha pourtant le lendemain,
heureusement pour les affaires du roi [1].

D'Agen, Foucher se rend à Bordeaux pour s'enquérir des
armes. Il écrit par chaque ordinaire à M. Fabry pour le tenir au
courant. « .... M. Chéverri, capitaine du château Trompette, m'a
délivré trois cens piques et les viens tout présentement d'envoyer à Monseigneur. Quant à des mousquets et autres armes,
mondit seigneur m'avoit chargé d'en recouvrer ici s'il se pouvoit,
mais tout a été enlevé pour le sieur de Mayenne, et n'y a pas
chez tous les marchans de cette ville cinquante mousquets, encore les veulent-ils vendre quatorze livres au dernier mot, sans
bandouillère ni fourchette [2]. Pour des armes completes il s'en
pourra recouvrer une douzaine de paires [3], mais à moins de
vingt cinq escus il n'en faut point parler. De corselets, il n'y en
a point. J'ai donné avis de cela à mon dit seigneur.... Je perds
espérance que les armes viennent car on a rapporté ici qu'il y a
en mer force navires qui ne laissent rien passer sans détrousser
les marchans et de fait il en est arrivé ici deux dont à l'un a esté
pris la valeur de sept mil écus [4].... » Pendant le voyage de Foucher, les événements se dessinaient en Limousin. Les nouvelles
qu'il apprit à Bordeaux l'invitèrent à hâter son retour, mais il
put à peine arriver à temps pour être témoin des graves incidents qui surprirent tout le monde par leur précipitation.

D'Épernon n'avait pu gagner Pompadour, mais il s'était mé-

[1] Foucher à M. Fabry, 25 mars.
[2] Le baudrier pour porter les munitions, le support pour soutenir le mous-
quet au moment du tir.
[3] Paire d'armes ou armure complète composée du casque, de la cuirasse ou
corselet, des brassards, cuissards, etc.
[4] Lettre de Foucher, 25 mars 1610.

nagé d'autres intelligences dans la province. Il trouva l'occasion de mettre sous sa main la petite ville d'Uzerche, et ne manqua pas d'en profiter. C'était le siège d'une importante abbaye dont les bâtiments étaient une sorte de citadelle. L'abbé, « qui en savoit plus qu'il ne falloit pour un homme de robe et pas assez pour faire le capitaine, » crut assurer son autorité en facilitant aux troupes de d'Épernon leur établissement dans la ville. « Son dessein lui réussit, mais non pas son intention. » Dès que le sieur de Ventault, officier de d'Épernon, eut pris possession de la ville, il en chassa l'abbé qui alla hypocritement porter ses plaintes au roi [1]. Ce sont les nouvelles que Foucher avait apprises à Bordeaux dès le 23 mars.

Schomberg était arrivé à Limoges pour combattre les menées des ennemis du roi. D'après certains *Mémoires*, il aurait tenté de répondre à l'évasion de Blois par un coup non moins audacieux, l'enlèvement de la reine mère. A cet effet, il avait suborné un personnage du Limousin qui devait s'insinuer dans le château d'Angoulême, mettre le feu au magasin de poudre, et à la faveur du désordre, s'emparer de la personne de Marie de Médicis. L'agent du complot fut arrêté au moment même de l'exécution, mais la reine mère voulut que l'affaire fût étouffée, pour prévenir de nouveaux embarras qui pouvaient naître de l'importance des complices du Limousin [2]. Nous avons peine à croire que Schomberg fût capable d'un si noir projet. Richelieu l'en accuse pourtant dans ses *Mémoires*, mais à cette époque même le lieutenant général « faisait courre toute une nuit » l'évêque de Luçon pour le mettre sous les verrous et l'empêcher de rejoindre la reine, et celui-ci lui en garda toujours rancune [3].

D'Épernon estimait que le poste d'Uzerche lui était précieux. « Cette petite ville, dit un récit du temps, entre le Haut et le Bas-Limousin, forte d'assiette, dont les avenues sont difficiles et le passage nécessaire, est le lieu le plus propre du monde pour une sûre retraite et pour faire beaucoup de mal. » Aussi la reine mère écrivit-elle au roi, le 4 avril, pour le supplier de ne point faire attaquer cette place, qui lui était indispensable pour sa sûreté,

---

[1] Plaquette du temps : *Le Limosin*. Titre de départ, sans autre indication. Voir aussi le *Mercure de France* de 1619.
[2] *Galerie de l'ancienne cour*, t. IV, p. 59 (Paris, 1791).
[3] *Mémoires de Richelieu*, coll. Michaud, t. XXI, p. 194.

jusqu'à ce qu'elle eût pu lui faire entendre ses représentations. C'était une raison de plus pour la reprendre, et M. de Schomberg s'y préparait. Dès le 25 mars, il se concertait à cet effet avec Pompadour. Il lui mandait que les habitants désiraient rentrer sous l'autorité royale et l'invitait à les y aider. « Ils demandent, lui écrivait-il, cinquante ou soixante hommes de vos terres. Voyez, monsieur mon cher frère, si par le moyen de quelqu'un des vôtres et sans bruit, vous leur pourriez donner cette assistance. Ceux qui conduiront les dits soldats doivent avoir un mot de vous au lieutenant général afin de les faire entrer et arriver à Uzerche la nuit.... Mais il faut s'il vous plait user de diligence [1]. » La nouvelle arriva à Paris, au Louvre, que Pompadour, usant de ce stratagème, avait chassé la garnison du duc. M. Fabry lui écrivait à ce sujet : « Comme M. d'Épernon voudra avoir sa revanche il est bien à propos que vous fassiez faire sûre et bonne garde dans vos maisons de Treignac et de Pompadour de peur qu'il n'y fasse quelque entreprise. Je voudrois que cette place d'Uzarche fut vôtre à cause du voisinage. On m'a écrit que vous avez reçu quatre chevaux barbes, trois cens piques de Biscaye [2], cent mousquets, cinquante paires d'armes et cinquante corselets que je vous ai envoyés. Vous aurez donc de quoi défendre vos maisons en attendant les autres. » En terminant, il recommande à son gendre d'être moins libéral, moins prodigue : « .... J'ai l'assurance que vous n'en donnerez une seule paire ni de vos chevaux à qui que ce soit et que vous les ménagerez d'autre façon que vous n'avez fait par le passé. Sachez que cela coûte beaucoup d'argent [3]. »

Mais Pompadour, trouvant peut-être l'opération un peu louche, s'était abstenu, et Schomberg, apprenant que d'Épernon en per-

---

[1] Lettre de Schomberg. Combet, *Histoire d'Uzerche*, p. 257.
[2] Arme d'une partie de l'infanterie. Les piques de Biscaye étaient les plus renommées.
[3] Lettre de Fabry. Voir La Rouverade, *Études historiques et critiques sur le Bas-Limousin*, p. 354 (Tulle, 1864). — Dans une lettre postérieure, M. Fabry revient sur ce sujet : « .... Mais ce n'est pas pour les donner ni vos chevaux non plus, ains pour les garder aussi religieusement que votre femme. Et à ce propos, je vous dirai que me trouvant dernièrement avec un brave cavalier auquel on demanda à vendre ou à donner trois chevaux qu'il faisoit voir et répondit qu'il donneroit aussi tôt sa femme. Excusez-moi, s'il vous plait, si je vous écris de la façon. C'est une passion que j'ai de ne vous voir pas dégarni de ce qui est bienséant d'avoir à une personne de votre qualité. »

sonne s'avançait avec deux mille hommes de pied et cinq cents chevaux pour s'établir dans Uzerche, marcha promptement vers le bas Limousin. Il appela Pompadour à son aide, afin d'agir avant l'arrivée du duc. Le régiment n'était pas encore sur pied, mais Pompadour avait beaucoup de fidèles dans la noblesse, il les convoqua par messagers et, dans les quarante-huit heures, deux cents gentilshommes montés arrivaient au rendez-vous à Pompadour [1], et la troupe partait pour Uzerche. Les armes de M. Fabry étaient arrivées fort à propos. Aussitôt le siège fut entrepris avec entrain. L'assaut fut donné de cinq à six côtés à la fois. Une mine fit sauter la porte de l'abbaye. Les assiégeants étaient secondés par la majorité des habitants. « Un bon compagnon de prêtre, juché au sommet du clocher, jetait pierres, pétards et saucissons » sur les assiégés qui se défendaient. Ceux-ci, se voyant pris de deux côtés, quittèrent les murailles et se réfugièrent dans une tour. Bientôt après, ils se rendirent à composition (12 avril 1619) [2].

D'Épernon, qui était arrivé jusqu'à Lubersac à deux petites lieues d'Uzerche, n'osa pas attaquer Schomberg et Pompadour, et rebroussa chemin vers Angoulême. Dans l'état des choses, la prise d'Uzerche était un important succès. Elle chassait d'Épernon du Limousin. Schomberg annonça son exploit au roi par la lettre suivante :

Sire, voyant M. d'Épernon à deux lieues d'Uzerche, avec son armée volante, je me suis résolu d'essayer de faire prendre l'abbaye. Et cela m'a si heureusement réussi que, l'ayant attaquée par cinq ou six endroits, nous l'avons forcée le douziesme de ce mois.... Je croy que jamais M. d'Espernon, qui en estoit si proche, ne receut un tel déplaisir, et s'il entreprend d'attaquer la place, il trouvera à qui parler.... J'escris cecy à la campagne et armé, de sorte que je ne diray pour ceste heure autre chose à Vostre Majesté....

SCHOMBERG [3].

Les ministres firent imprimer la lettre pour répandre la nouvelle dans le public. La reine mère écrivit de son côté à son fils

---

[1] Ces deux cents cavaliers, avec leur suite, durent être logés pour une nuit dans le château de Pompadour et ses dépendances. La chambre du vicomte lui-même fut transformée en dortoir. Lettre de Foucher, 16 avril.

[2] Plaquette *Le Limosin*, p. 14, et le *Mercure de France*, t. V, p. 172 (1619).

[3] « Du 13 avril 1619 à une lieue d'Uzerche. » *Lettre envoyée au Roy par M. le comte de Schomberg sur la prise d'Uzarche* (Paris, 1619).

pour se plaindre vivement de ce que cette ville nécessaire « pour
sa conservation et seureté » lui était enlevée [1].

## IV.

Quoique surpris par les événements, Pompadour avait été à la
hauteur des circonstances. Schomberg, comme commandant
d'armée, se donnait l'honneur de la journée, c'était juste, mais la
meilleure part revenait à son beau-frère, sans lequel il n'eût pu
se trouver en force et remporter un si brillant et si rapide succès.
L'opinion publique ne s'y trompa pas, et la presse du temps
(il y avait déjà des manières de journaux) rendit à Pompadour
la justice qui lui était due. Le *Mercure de France* donna un récit
très piquant de la prise d'Uzerche. Il contient un vrai panégy-
rique de Pompadour, dont il vante l'habileté, le courage, la générosité et l'influence dans la province [2]. Pendant que Schomberg
se rendait à Brive, pour rallier par sa présence toutes les villes
du bas Limousin, Pompadour s'échappait pour aller déposer ses
lauriers aux pieds de sa femme. On comprend les terribles émotions que celle-ci avait traversées pendant que son mari se bat-
tait à Uzerche, et que d'Épernon était avec deux mille cinq cents
hommes à Lubersac, à demi-heure de marche de Pompadour.
Elle s'était transformée en ingénieur, dirigeait elle-même avec
une activité fiévreuse les travaux de fortification du château. Une
armée d'ouvriers travaillait sans relâche sous sa surveillance.

[1] *La quatriesme lettre de la Royne Mère envoyée au Roy, sur la prise de
l'Vsarche, le 11 apuril 1619* (Paris, 1619). — Voir aussi : *Récit véritable de ce
qui s'est passé en Limosin et pays circonvoisins.... et particulièrement à la prise
du fort de l'Uzarche* (Paris, 1619).

[2] Voici quelques lignes de ce long article : « Ce personnage a déjà bien
commencé, il a de très belles parties en lui et dignes d'une bonne fortune s'il
y vouloit mettre la peyne ; il est d'une grande et ancienne maison; quant à
sa personne, il vit sagement, parle peu et de bon jugement, mesprise beaucoup de choses dont les autres font estat, se nourrit à la peyne et aux
exercices violents, se cognoict aux gens d'esprit et les ayme. Il a le courage
grand et la volonté bonne, grandement libéral, fidelle et entier à ce qu'il
ayme, il gaigne tellement le cœur de la noblesse qu'il y a peu de gentilshommes qui ne montent à cheval pour luy.... En ceste occasion il a rassem-
blé deux cens gentilshommes contre M. d'Espernon, qui n'est pas peu de
chose. M. de Schombert qui est lieutenant de roy y a fait des troupes, mais
tout habile homme qu'il est il se fut trouvé surpris et engagé en de grandes
extrémités.... En telle occasion s'il a faict quelque chose de bon ce n'a esté
que simplement soubz une assemblée d'amys.... » *Mercure de France, loc. cit.*

Schomberg, de retour à Uzerche, rappela Pompadour et l'invita
à continuer de tenir la campagne avec ses amis, sans cesser de
s'occuper de l'organisation de son régiment. La prise d'Uzerche
ne terminait pas le différend, et une revanche de d'Épernon
était à craindre. Pour récompenser son beau-frère, Schomberg,
se portant fort pour le roi, l'autorisa à mettre son régiment sous
son nom. Cette faveur, qui fut ratifiée sans difficulté, contenta
extrèmement Marie Fabry et sa famille. Foucher se rendit immédiatement à Brive, pour faire enregistrer la commission de
mestre de camp du régiment Pompadour. Le lieutenant général
de la sénéchaussée, le procureur du roi, s'empressèrent « avec
allégresse » de remplir la formalité (16 avril). Au sortir de l'audience, Foucher fit battre le tambour pour recruter des soldats et
des officiers. Vingt-deux s'enrôlèrent en moins d'une heure, parmi
lesquels huit ou dix gentilshommes de fort bonne maison, des con-
seillers au siège, des avocats, « toute belle jeunesse qui vouloient
servir Monseigneur pour l'affection démesurée qu'ils avoient
pour lui. » — « Véritablement, écrit Foucher, je crois que, s'il
y a armée, on ne verra point dans aucun régiment de plus beaux
et vaillants capitaines que ceux que monseigneur a choisis, le
moindre d'entre eux ayant plus de cinq mille livres de rente [1]. »

M. Fabry, auquel étaient adressées ces nouvelles, venait encore d'envoyer six mille livres, mais la somme était loin de suf-
fire. Pompadour n'était que plus magnifique depuis que le régiment portait son nom. A chacun des officiers, parmi lesquels
figuraient trois barons, il donnait mille livres d'entrée et leur
achetait leurs enseignes. Jamais on n'avait vu si généreux
mestre de camp. Le roi lui avait octroyé six mille livres pour
cette formation. Foucher, aidé cette fois de la vicomtesse, demandait à mettre partie de cet argent en réserve ; mais Pompadour déclarait avec vivacité « qu'il aimeroit mieux perdre vingt
fois la somme que de garder un liard de l'argent destiné à ses
capitaines [2]. »

M. de Mayenne s'avançait du côté d'Angoulême pour attaquer

[1] Lettre de Foucher, 18 avril 1619.
[2] Lettre de Foucher, avril 1619. — Les capitaines devaient payer aux sergents 10 sols par jour et aux soldats 8 sols. Le régiment étant de 10 enseignes
de 100 hommes (97 non compris les chefs), la dépense était de 388 livres par
jour, soit 12,000 livres par mois, en comprenant les officiers et membres
(Mémoire de M. Fabry à Foucher).

d'Épernon dans son fort. Il comptait arriver, vers la fin d'avril, à deux lieues de cette ville, avec deux mille hommes de pied et cinq cents maitres. Schomberg voulait le rejoindre et emmener Pompadour. Mais le régiment n'était pas encore au complet et manquait d'armes. Foucher sollicitait derechef M. Fabry. « Le régiment n'est pas prêt. Monseigneur ne veut pas paraitre devant M. le comte, que ses troupes ne soient en état. On n'a jusqu'à présent que cent cinquante mousquets, trois cens piques et soixante mulets. Ce n'est pas assez pour armer mille hommes. On est en train d'acheter cent quinze mousquets à seize francs pièce, mais il faudroit payer la moitié du prix comptant, et il n'y a pas cent écus céans. » L'intendant fait ensuite parler Pompadour. « Il s'est engagé vis-à-vis des officiers. S'il ne leur tient parole, il ne les retrouvera plus pour amis.... Il sera obligé de s'adresser à un prêteur dans de fàcheuses conditions. Enfin, il donnera à railler à ses envieux dans une province où il a toujours tenu le premier rang [1].... » C'était prendre M. Fabry par son faible. « Il faut, répondait-il à M. Foucher, se boucher les yeux en telles occasions. On ne peut éviter la dépense, autrement il se ruineroit d'amis. Je veux que tout marche selon la qualité et avec ordre, mais avec ces profusions et que chacun soit maitre, non. » Par le retour de l'ordinaire, il faisait toucher deux mille quatre cents livres : la somme se fondait en un instant, quinze cents livres pour des mousquets, le reste aux soldats. Pompadour envoie Foucher à Limoges pour se procurer de l'argent par tous moyens, même en mettant en gage la vaisselle et les bagues de la vicomtesse. Celui-ci ne réussit. pas, s'attarde ; Pompadour lui écrit sur un ton qui montre le caractère de l'homme.

Monsieur Foucher, vous deviez bien sçavoir que la chouse qui m'estoit la plus importante, c'estoit d'avoir de l'argent.... Je vous dirai que je crois que vous vous moquez, et que ce que vous faictes vous le faictes par méchanceté, car vous devriez estre revenu icy dès que vous vistes que vous ne pouviez rien faire. Je crois que vous ne songez pas que je sois en presse comme je suis.... Je vous prie que vous vous hastiez de vous en venir, car quand je devrois vendre mon cœur, il fault que j'aye de l'argent, et vous prie que ces chouses

[1] Mai 1619.

n'arrivent plus entre vous et moi que, lorsque vous sçavez que la
nécessité y soit si grande, vous vous alliez amuser à autre chose.

Vostre meilleur amy<br>
POMPADOUR.

Je suis fort en colère, je ne vous le sçaurois celer.

Pompadour y mettait aussi trop de faste. Foucher se lamente,
disant à M. Fabry que, s'il eût pu prévoir une telle prodigalité,
il aurait dissuadé monseigneur de prendre commission du régiment. « Il a fait habiller à neuf tous ses gentilshommes, ses
pages, ses laquais, commandé cinquante roupilles [1] de ses couleurs pour les mousquetaires de sa compagnie, et dépensé plus
de trois mille livres pour le taffetas des enseignes [2]. Il a enrôlé
un chirurgien, un aumônier, il cherche un prévôt. Il veut qu'on
appelle son régiment le grand régiment. » De son côté, madame
consomme beaucoup d'argent. Elle a appris que M. d'Épernon,
pour se venger du fait d'Uzerche, se propose d'attaquer le château et de le saccager. On travaille toujours à réparer les brèches
et à garnir l'arsenal [3]. Madame, quoique ayant besoin de ménager sa santé (l'allusion était significative et ne pouvait que plaire
aux Fabry), déploie le plus grand zèle. Elle fait aussi fortifier
Treignac, et comme on ne trouve pas d'ouvriers en assez grand
nombre pour ces travaux urgents, elle a demandé à M. de
Schomberg qu'après la montre du régiment monseigneur pût
tirer trois ou quatre soldats de chaque compagnie pour les faire
maçonner. M. le comte l'a gracieusement accordé. Pourtant,
ajoute Foucher, « encore que les affaires du roi soient accommo-
dables, il faut achever et ne craindre plus la dépense, puisque
la plus grande est faite, et que de nécessité il faut que monseigneur se joigne au corps d'armée de M. de Mayenne. » Il finit
en annonçant que madame, qui veut rendre enfin ses visites de
noces, fait faire de riches couvertures pour ses mules, aux armes
de Pompadour et aux siennes, mais qu'elle ignore le champ de

---

[1] Petits manteaux.

[2] L'étoffe pour les drapeaux de chaque compagnie.

[3] Louis de Pompadour, le ligueur, avait laissé le château en bon état
de défense, mais Peyronne de la Guiche avait tout ruiné. Dans l'année qui
suivit la mort de son mari, elle avait même vendu à la ville de Périgueux un
gros canon avec sa monture et son chariot à quatre roues, dix quintaux de
poudre et vingt-cinq boulets, pour 1,333 écus (4,000 livres). Inventaires
manuscrits de Pompadour.

ses armes et demande qu'on les lui indique promptement [1]. Les visites sont un gros article de dépense dans la maison. Monseigneur et madame ne voyagent qu'en grand équipage, et dans le pays il n'est pas coutume de défrayer d'avoine les chevaux des visiteurs. Il faut l'acheter partout [2].

M. Fabry fournissait toujours par milliers d'écus, par centaines de pistoles, recommandant la sagesse, mais n'osant trop blâmer son gendre de soutenir son état, espérant d'ailleurs que le roi reconnaîtrait ces sacrifices. Pompadour était allé trouver Mayenne à Bourdeille, en Périgord, le 26 avril. Le duc l'avait pressé de venir le rejoindre avec son régiment. Les hostilités étaient ouvertes. Pendant le retour de Pompadour une escarmouche avait eu lieu entre les coureurs de Mayenne et de d'Épernon, et les chefs des deux troupes avaient été tués. Schomberg, arrivé en Limousin, a apporté la nouvelle. Il a fixé le jour de la montre du régiment pour qu'il se mette aussitôt en route. Dès les premiers jours de mai, la revue est passée. Le régiment est superbe. « .... Jamais il ne s'est vu un nouveau régiment et guères de vieux, excepté celui des gardes du roi, si beau de toutes ses parties. Dans la moindre compagnie, il y avait quatre-vingt-dix hommes, sans compter les chefs et les membres et officiers. Les armes aussi belles que possible. Des dix compagnies, les unes étaient armées de corselets tout complets, et les autres en grande partie. Il ne s'est pas remarqué vingt arquebusiers. Les hommes parfaitement vêtus et de haute mine. Les mousquetaires des compagnies du mestre de camp ayant tous des roupilles des couleurs de leurs capitaines, bien étoffées, et tous les piquiers du mestre de camp avec des écharpes, toutes les bandouillères de même couleur des capitaines [3]. » Dans l'intervalle, Pompadour recevait un nouveau témoignage de la bienveillance du roi. Sa compagnie de gens d'armes de cinquante maîtres était portée à cent maîtres, et le quartier qui lui était alloué était de 13,400 livres (soit 53,000 livres par an). « C'est un véritable bienfait, écrit M. Fabry, car les compagnies des maréchaux de France ne sont que de cent hommes d'armes. » Mais le financier montre l'oreille et il ajoute : « Si la paix est comme l'on dit,

---

[1] Les Fabry portaient de gueules à une tête de bœuf d'or.
[2] Lettre de Foucher, mai 1619.
[3] Lettre de Foucher, mai 1619.

et que l'on désarme, M. de Pompadour peut ménager beaucoup
sur le payement de ladite compagnie, voire s'en approprier la
plus grande partie, en récompense et pour son remboursement
des dépenses et avances qu'il a faites. Voyez donc avec lui ce
qui se peut faire. MM. les princes et maréchaux de France le
font, et aucuns d'eux en prennent la plus grande partie pour
leurs dépenses extérieures [1]. » Mais le mestre de camp ne se
prêtait pas aux transactions du financier.

Les énormes frais faits par Pompadour n'eurent pas toute l'uti-
lité qu'il en attendait Les bruits de paix se confirmaient. « Quand
la paix sera faite, écrivait encore M. Fabry, veillant toujours
aux intérêts de son gendre, il faudra écrire au roi, à MM. de
Luynes, de Cadenet [2], de Modène [3], comme aussi à M. le cardinal (de Retz) [4], Pontchartrain [5] et le président Jeannin [6], et demander que le régiment soit entretenu pour surveiller la province...., enfin faire un état de l'argent dépensé pour la présente
guerre, n'étant pas raisonnable qu'en servant le roi vous y
mangiez tout le vôtre. » Il recommandait néanmoins de continuer de fortifier ses châteaux, le dernier mot de ces divisions
n'étant pas dit, et annonçait sa prochaine visite pour voir par
lui-même l'état des affaires de la maison [7].

La paix se fit en effet entre le roi et sa mère. Malgré les démarches, le régiment fut licencié. Son maintien en temps de
paix eût été une fortune pour Pompadour, suivant l'expression
de M. Fabry. Le mestre de camp eût réalisé de gros bénéfices
sur les 53,000 livres de solde. Au moins, recommande le beau-
père, « il faut avoir soin de retirer toutes les armes qu'on avait
remises aux officiers, pour les réintégrer dans l'arsenal du château et retirer des quittances de toutes les sommes fournies
pour les frais de la guerre. » Ces instructions furent exécutées
par Foucher, et Pompadour alla faire un voyage en cour pour ob-

---

[1] M. Fabry à Foucher, mai 1619.

[2] Honoré d'Albert, seigneur de Cadenet, frère de Luynes (1581-1649).

[3] François-Raymond de Montmoiron, baron de Modène, le gros Modène,
comme on l'appelait à la cour, parent de Luynes et comme lui dans la faveur
de Louis XIII.

[4] Henri de Gondi, qu'il ne faut pas confondre avec le célèbre auteur des
*Mémoires.*

[5] Paul Phélypeaux, seigneur de Pontchartrain, secrétaire d'État, 1569-1621.

[6] Le vieux Pierre Jeannin, contrôleur général (1540-1622).

[7] M. Fabry à son gendre.

tenir quelque dédommagement. Il espérait être nommé chevalier
d'un des ordres du roi. Les grands seigneurs voyageaient habi-
tuellement avec une partie de leur maison, des gentilshommes
de service, des pages, des valets d'écurie, un intendant pour
régler la dépense, un cuisinier pour nourrir tout ce monde.
C'est en cet équipage, avec un train de quinze chevaux, que Pompadour se rendit à Tours, où se trouvait la cour. Il y passa trois semaines, attendant les marques de la bienveillance du roi. M. Fabry lui conseillait de ne pas partir avant d'avoir obtenu ce qu'on
lui promettait. « ....Souvenez vous et vous représentez, disait-il,
ce que c'est que de la cour, qui en un instant est tellement chan-
geante que on oublie tout si on ne bat le fer pendant qu'il est
chaud. » Mais la vicomtesse le rappelait d'autant plus impatiemment qu'il avait été gravement indisposé depuis son arrivée
à Tours. Il partit donc avant la réalisation des espérances qu'on
lui donnait. Le cardinal et M. de Modène, qui lui faisaient l'honneur de le visiter pendant sa maladie, lui avaient pour ainsi dire
garanti le succès. La promotion fut faite, son nom n'y figurait
pas. Il fut furieux, afficha son mécontentement. Il y avait sujet.
Cette modeste récompense qu'on n'eût pas dû lui marchander
n'était même pas en rapport avec les services rendus et les
énormes dépenses exposées par le gendre et le beau-père. M. Fabry le console. « Étant ce que vous êtes, vous pouvez vous en
passer (du collier) mieux que beaucoup d'autres qui recherchent
cet honneur pour anoblir leur maison. » Il lui conseille de se
contenir devant ses amis; de faire connaître son déplaisir aux
ministres, en ayant soin de déclarer néanmoins qu'il continuera
de bien servir le roi et obéira à ses commandements dans la
province. M. Fabry porta ses doléances de son côté et obtint
pour son gendre un maigre brevet de conseiller d'État [1].

## V.

La première année du mariage de Marie Fabry avait été fort
remplie. Au bout de ces tribulations, elle accoucha d'une fille.
Elle souhaitait ardemment un garçon pour assurer dans sa lignée
l'antique patrimoine des Pompadour. A défaut d'enfant mâle, ce

[1] Brevet du 28 juin 1619.

patrimoine grevé de substitutions devait aller en entier à la branche cadette des barons de Laurière. C'était là une grave préoccupation pour la vicomtesse et sa famille.

Les troubles recommencèrent bien vite. Pompadour était mécontent, il se tint sur la réserve, fit comprendre qu'il ne voulait plus être dupé comme il venait de l'être. On lui fit dire de la cour « qu'il devroit se déclarer plus franchement et que, s'il l'eût fait, il eût empêché bien du monde de se reconnoître et de se soulever; et que pour quelque défaite qu'il eût fait d'une douzaine de coquins, il eût obtenu tout ce qu'il auroit demandé » (2 août 1620). On lui reprocha d'avoir coloré du prétexte d'un voyage de dévotion une entrevue avec des amis de M. d'Épernon. Malgré ces ouvertures, il resta prudemment dans sa maison, laissant les gentilshommes ses voisins, les Bonneval, les Pierre-Buffière-Châteauneuf, s'agiter, remuer le pays. Le prince de Joinville [1] fut envoyé à Limoges avec quatre mille hommes pour défendre la ville contre les entreprises de d'Épernon, mais, arrivé le 4 août à Saint-Léonard, il reçut des nouvelles de la paix qui fut conclue quelques jours après (16 août) [2].

Les voyages de dévotion de Pompadour n'étaient pas faits pour cacher des manœuvres politiques. Il était catholique sincère, suivant en cela les exemples de son père le ligueur et de ses ancêtres. Des traditions de pieuse libéralité existaient dans sa famille, qui avait fondé le couvent d'Arnac [3], les églises de Pompadour, de Comborn et divers autres bénéfices ecclésiastiques. Cette année même, il ajoutait un nouveau fleuron à cette couronne de bonnes œuvres. Les Pères Feuillants, voulant s'établir à Tulle en 1615, avaient eu l'idée de le choisir pour fondateur [4]. Il avait accepté avec empressement cet honneur et les devoirs qu'il comportait. La vicomtesse et lui entretenaient le couvent. Au commencement de 1620, ils donnèrent encore une somme de deux mille livres pour la construction de l'église, et le 3 mai tons les deux en posèrent solennellement la première pierre.

[1] Charles de Lorraine (1571-1640)

[2] Bonaventure Saint-Amable, *Histoire de Saint Martial*, t. III (*Annales du Limousin*), p. 829.

[3] Paroisse de laquelle dépendait Pompadour.

[4] Acte de fondation de l'église des Pères Feuillants par le seigneur de Pompadour et Marie Fabry, son épouse, du 4 décembre 1620 (Armoires de Baluze, t. 259. Bibliothèque nationale, manuscrits).

Quelques mois après, leur bourse s'ouvrait de nouveau pour ménager l'installation des Jésuites dans le collège de Tulle [1].

Foucher, rebuté par les difficultés, cédant aussi à l'intérêt personnel, avait quitté le service de la maison. M. Fabry lui avait fait obtenir une place de commissaire des guerres, espérant bien qu'il continuerait néanmoins ses fonctions d'intendant; mais, depuis sa nomination, il ne faisait plus que de rares apparitions. Le secrétaire intime de Pompadour, nommé Malbosc, avait charge de le remplacer, mais, accompagnant son maître partout, il était souvent absent. Bon soldat et poète à ses heures, il n'é-guère enclin aux chiffres. On a de lui des vers imprimés. Dans les derniers temps de sa grossesse très laborieuse, Marie Fabry s'était relâchée de sa surveillance et n'avait pu, depuis, reprendre le gouvernement. La maison était conduite en réalité par un valet de chambre ne sachant ni lire ni écrire, et qui, en deux mois (août et septembre 1620), avait dépensé en argent monnayé plus de 10,000 livres. M. Fabry commençait à s'effrayer. Il craignait de voir toute sa fortune couler dans ce gouffre sans fond. Pourtant, il ne cessait de s'occuper de son gendre, l'homme de qualité, saisissant toutes les occasions de lui être agréable, flattant même ses goûts de luxe, lui faisant cadeau de beaux chevaux, de riches habits, de collets de buffle garnis d'or, de plumes de chapeau. Il semble qu'il s'était attaché de cœur au « bon gros homme, » qu'il comprenait, qu'il excusait ses défauts de grand seigneur. Son économie entrait parfois en lutte avec son dévouement : il montrait alors quelque velléité de serrer les cordons de la bourse, mais, l'amour-propre aidant, le dévouement finissait toujours par l'emporter.

Le comte de Schomberg ayant manifesté l'intention de se défaire de sa lieutenance générale du Limousin, M. Fabry se mit aussitôt en campagne pour que Pompadour bénéficiât de l'occasion. En son absence, à son insu pour ainsi dire, il fit toutes les démarches auprès du connétable, du cardinal de Retz, de M. de Pontchartrain, et donna à son gendre la surprise de cette faveur. Elle devait coûter 48,000 livres, qu'il fallait payer à M. de Schomberg. Il arrangea tout. Il fournirait de sa poche 24,000 livres. Le roi, sur ses instances et pour remplacer le collier, pro-

[1] *Histoire du collège de Tulle*, p. 61 (Tulle, 1892).

mettait de contribuer pour 24,000 livres ; mais, la libéralité royale
ne pouvant sortir à effet immédiatement, Schomberg consentit
à recevoir les 24,000 livres du beau-père et à accepter un blanc-
signé de Pompadour pour les 24,000 livres à attendre du roi.
En lui annonçant l'heureuse nouvelle, M. Fabry invitait son
gendre à se rendre sur-le-champ à Tours pour remercier le roi,
le connétable, le cardinal, et surtout M. de Schomberg, qui aurait
pu avoir d'un autre vingt mille écus de sa lieutenance. Il lui
recommandait en même temps de faire le voyage en train con-
venable, avec cinq ou six gentilshommes seulement, sans trop
se charger de chevaux, attendu que M. de Schomberg lui offrait
sa table et ses équipages [1]. En résumé, Pompadour était pourvu
d'une belle charge sans bourse délier (mai 1621).

Le nouveau lieutenant général fut bien reçu par le roi et par
« messieurs de la Faveur, » comme on appelait le groupe de
Luynes, Retz, Modène, etc. Il n'obtint pas pour le moment le
paiement des 24,000 livres qui devaient sortir de la cassette royale,
mais il fut nommé chevalier de Saint-Michel. Les preuves à faire
pour sa réception n'offraient pas de difficultés. L'ordre de Saint-
Michel, d'abord réservé aux plus grands seigneurs, avait été si
avili sous les derniers Valois, qu'on l'appelait *le collier à toutes
bêtes*. Il ne fallait prouver que trois degrés de noblesse, et les
anoblis eux-mêmes pouvaient en être honorés. Mais c'était un
acheminement vers l'ordre supérieur du Saint-Esprit, qui donnait seul la qualité de chevalier des ordres du roi et le droit
fort envié de porter le cordon bleu. Pompadour dut pourtant
s'occuper de faire ses preuves. Malbosc fut chargé de rassembler
les pièces. Les productions généalogiques, qui créaient un si
grand embarras aux parvenus et qui ont donné le jour à tant de
documents effrontément falsifiés étaient, pour la vraie noblesse,
une grande satisfaction d'amour-propre, l'occasion de faire
revivre la gloire des aïeux souvent ensevelie dans l'oubli. Marie
Fabry fit à ce propos plus ample connaissance avec les illustres
ancêtres dont elle avait mission de perpétuer la race.

Pompadour était revenu dans sa province pour prendre
possession de sa charge et faire son entrée dans les villes de
son gouvernement. Les cérémonies eurent lieu, cela va sans

Lettre de M. Fabry, mai 1621. — Brevet du 19 mai.

dire, avec une pompe extraordinaire. Le beau-père, toujours mis à contribution, s'en plaignit, tout en reconnaissant que c'était là une occasion où la dépense était excusable. Les historiens du cru nous ont laissé des détails sur l'apparat qui fut déployé à Limoges. L'entrée eut lieu le 23 juin. Il y eut grand déploiement de milice, force cavalcades, force harangues. Toute la noblesse était présente. La fête dura trois jours [1].

Bientôt après Pompadour donna de nouvelles et plus cruelles émotions à sa jeune femme et aux Fabry. Il fut gravement malade, en danger de mort. La nouvelle de son décès arriva à Paris. La famille Fabry était dans la consternation. Il n'y avait pas encore d'enfant mâle, et l'effet de la substitution aurait ruiné la veuve et l'orpheline. Heureusement, après de terribles angoisses, le malade guérit. « Je loue Dieu, écrivait M. Fabry, de la grâce qu'il lui a faite et à ma pauvre fille, que je tenois pour la plus misérable femme, avec sa petite, qui se vit oncques en l'état où sont réduites les affaires de la maison [2]. » Et Pompadour lui ayant écrit quelques lignes pour témoigner de sa convalescence, il s'empressait de lui répondre en ces termes affectueux : « J'ai eu tant de contentement en la réception de vos lettres écrites de votre main, y reconnoissant une marque de votre guérison, qu'il ne s'en peut avoir davantage. Je ne vous puis céler que jamais beau-père ne fut si attristé de maladie de gendre que j'ai été de la vôtre. Il nous faut louer Dieu de ce qu'il a voulu visiter toute la famille, M. et Mⁿᵉ de Laurière en ayant eu leur part, ma femme et ma fille d'Aultry de même. C'est à nous à le remercier des grâces qu'il nous a faites et le supplier de nous conserver notre santé pour le servir. » Pompadour, à la mode des gens de qualité, avait une grande écriture enchevêtrée, indéchiffrable. L'excellent beau-père avait dû faire une véritable étude pour apprendre à la lire, et il mettait en post-scriptum : « Monsieur, quand il vous plaira de m'écrire de votre main, vous le pouvez faire sur ce que j'ai appris à lire votre écriture. »

La guerre était rouverte, cette fois contre les réformés, dont le duc de Rohan s'était constitué le chef. Pompadour, guéri et

[1] Bonaventure Saint-Amable, t. III, p. 830.
[2] M. Fabry à Foucher.

satisfait des faveurs du roi, n'avait plus de raison de bouder. Aussi s'empressa-t-il d'aller joindre l'armée dans la Saintonge. Il était à l'affaire de Royan, à la prise de Saint-Jean-d'Angély et suivit le roi au siège de Montauban. Son cousin germain, le maréchal de Saint-Géran, et son beau-frère Schomberg l'employèrent avec sa compagnie de gens d'armes dans l'infructueuse attaque qu'ils tentèrent le 21 octobre [1]. Après la levée du siège, il rentra à Pompadour.

Foucher était toujours absent, et Malbosc était mort dans la campagne de Saintonge. Le désordre régnait de nouveau dans la maison, malgré les efforts de Marie Fabry, qui ne pouvait pourvoir à tout dans une administration si compliquée. M. Fabry se désolait de plus en plus sur la situation des affaires. Une année avait suffi pour faire renaître tous les abus. Le valet de chambre illettré, tous les officiers de la maison semblaient s'être conjurés pour la ruiner. Le praticien Guiny de Priézac [2], avocat de village, fils du juge de Pompadour, venait de laisser perdre un procès de 17,000 livres contre la comtesse de Chalais, faute de produire une pièce qui établissait la libération de son maître. La vicomtesse déclarait à son père qu'elle était impuissante à enrayer le courant. M. Fabry conjurait Foucher de reprendre son service d'intendant, de vendre sa charge, de prendre un congé, et allait jusqu'à lui faire les plus vifs reproches d'ingratitude. Foucher se rendit à ces obsessions. Il était revenu à Pompadour vers la fin de 1621, annonçant l'intention d'y faire son établissement définitif. Bientôt après il se mariait avec une suivante de la vicomtesse qu'on appelait la belle Gédoyn. Les réformes

---

[1] Le *Mercure de France* cite souvent son nom dans le récit de ces événements.

[2] C'est ce Priézac, qui, d'après Tallemant des Réaux, aurait, ainsi que Foucher, vécu scandaleusement avec la vicomtesse. C'était un détestable serviteur dans l'opinion de M. Fabry et de Foucher et, après cette lourde faute, Pompadour aurait dû le « menacer de cent coups de bâton, sans l'exécuter toutefois » (disait le beau-père). Mais l'imputation de Tallemant ne tient pas debout. Les Priézac étaient, de père en fils, des créatures de la maison de Pompadour. Daniel, autre fils du juge, à la faveur de cette protection, s'était introduit à Bordeaux auprès de M. d'Aultry, alors intendant de justice en Guyenne. M. d'Aultry l'emmena à Paris, le fit entrer au conseil d'État et plus tard à l'Académie française. Le chancelier, qui n'était pas de mœurs faciles, aurait ainsi fait son favori du propre frère de l'amant public de sa belle-sœur. Priézac était une petite seigneurie, vassale de Pompadour, dans la paroisse de Saint-Solve.

étaient à reprendre par la base. « Je me suis tué, écrivait M. Fabry, à travailler pour cette maison, et j'y ai mis de grandes sommes de deniers, et, faute d'un homme, tout s'en est allé les pieds contremont [1]. J'en ai un si grand crève-cœur que le courage me faut. Moi qui m'étois promis de remettre cette maison et qui m'en voyois à la veille, et au lieu de cela, je vois toutes mes espérances perdues, s'estant glissés des gens là dedans qui ont pris l'occasion pendant votre absence et ont plus gâté et fait de débris que nous n'en saurions réparer en trois ans [2]. » Il recommandait ensuite de changer le personnel. Il enverrait de Paris quelques gens sûrs, un sommelier, un cuisinier, un maître d'hôtel.

## VI.

Marie Fabry avait passé trois ans à Pompadour sans en sortir autrement que pour faire quelques visites de parenté et de voisinage dans le Haut-Limousin et le Quercy. Après la grande maladie de son mari, elle s'était cru permis d'aller chercher un peu de distraction et de repos auprès de ses grands-parents et s'était mise en route pour Paris, mais son père lui envoya l'ordre de rebrousser chemin, lui défendant de quitter son mari convalescent et sa fille en nourrice. L'injonction était si formelle que, malgré son caractère indépendant et quoiqu'à moitié chemin de Limoges, elle dut obéir. Le retour de Foucher lui donnait un peu plus de liberté, mais elle était grosse pour la seconde fois. Depuis que la province était plus tranquille, elle avait donné libre carrière à ses goûts de mouvement et de plaisir. Elle aimait beaucoup suivre en amazone les brillantes chasses de son mari. Malgré son état, elle courait constamment à cheval ou en carrosse. Elle chassait même en l'absence de son époux, et pour égayer sa solitude, se costumait parfois en villageoise et se montrait à ses vassaux ainsi accoutrée. M. et M^me Fabry réprouvaient sévèrement ces fantaisies de la jeune vicomtesse. « L'on dit, écrivait le père à sa fille, que vous allez fort souvent à la chasse, et que vous faites courir votre cheval comme

---

[1] Les pieds en l'air. Montaigne a employé cette expression. *Essais*, l. 1^er, ch. XLVIII.

[2] M. Fabry à Foucher, décembre 1621.

faisaient anciennement les amazones. Il ne faudrait qu'un malheur pour vous tuer.... Mais de dire que nous puissions souffrir qu'étant femme de M. de Pompadour, et notre fille, vous soyez une sallisson [1] et que vous soyez accommodée en villageoise, c'est chose qui ne se peut, et souvenez-vous que, si nous en entendons jamais parler, vous en serez mauvaise marchande. Tenez-vous proprement et vous habillez, j'entends, en l'état où vous êtes par la grâce de Dieu [2], de prendre un manteau et toutes choses de votre aise afin de ne vous pouvoir blesser, comme aussi de ne point aller en carrosse, si bellement qu'il puisse aller.... Ce que je vous écris n'est que pour votre bien ; si je ne vous affectionnois, je ne vous écrirois pas comme je fais : prenez-le comme vous devez et exécutez pour jamais mes intentions et celles de votre mère, et non pas pour trois jours, et vous vous en trouverez bien. » Il renouvelle ses conseils pour la direction des affaires de la maison, prêche l'économie, mais il veut en même temps que M. de Pompadour se fasse honneur suivant son état. Il l'y aidera. Il lui envoie trois plumes, deux pour lui et l'autre pour son cheval, des plus belles qu'il a pu choisir, avec un collet de buffle tout passementé de clinquant, qui coûte beaucoup. Et comme sa fille l'avait prié de se souvenir d'elle aussi bien que de ses autres enfants qui étaient plus près de lui, il écrivait :

Sur quoi je vous dirai qu'il est bien besoin que j'aie plus de souvenance de vous, car les affaires des présens [3] sont en meilleur état que les vôtres et leurs dépenses sont réglées où les vôtres ne le peuvent être, car à tout moment il peut survenir des affaires pour le roy où il faut que M. de Pompadour se mette en état de le servir et sa condition le veut et en faisant autrement il feroit faute. Je ne l'empêcherai jamais de cela, au contraire, je l'assisterai toujours, mais je

[1] Fille de cuisine servant aux plus bas offices (*Dictionnaire* de Furetière). Tallemant rapporte que Mᵐᵉ de Chevreuse avait eu pareille fantaisie et lui prête à ce propos une aventure aussi peu croyable que ses imputations contre Marie Fabry (Art. du connétable de Luynes).
[2] En état de grossesse.
[3] Fabry de Villevesque et M. et Mᵐᵉ d'Aultry. Tallemant des Réaux parle en plusieurs endroits d'un Fabry qui ne peut être que le frère de Mᵐᵉ de Pompadour. D'après l'auteur des *Historiettes*, sa jeunesse aurait été fort dissipée; il aurait payé cent mille écus, marché en main, les faveurs de Mᵐᵉ de Joyeuse (Art. de M. de Guise et de la marquise de Brosses). Mais la *Muze historique* de Loret le nomme « un vertueux et sage humain, » il est vrai à propos de sa mort, en 1655. — Ed. Daffis, t. II, p. 58.

l'empêcherai de dépendre excessivement et de donner ce qui lui est utile ; et si vous ne m'aidez à cela et que vous n'y contribuiez, vous qui êtes près de lui et qui fait l'honneur de vous aimer et chérir, toutes vos affaires iront mal et sens dessus dessous. Faites donc que rien ne soit dissipé, mais au contraire ménagé, en vous prenant garde à ce qui se dépense chez vous et que rien ne soit emporté. Soyez curieuse de ses habits et accoutremens et que vous n'ayez plus de chiens pour la chasse qu'il ne faut, car cela dépense grandement.... Voyez donc et prévoyez à tout cela, puisque vous savez que monsieur votre mari n'y prend autrement garde et qu'il est d'un naturel si franc qu'il donne tout....

Comme on voit bien la faiblesse de ce beau-père économe pour ce gendre prodigue, mais qui flatte son orgueil et le séduit par ses belles allures !

Mme Fabry gronde sa fille de son côté et nous montre aussi son caractère.

Ma fille, je vous dirai comme j'ai reçu la vôtre par laquelle je reconnois que vous êtes en bonne santé tous deux, dont je suis fort aise. M. Maillot m'a dit qu'il vous avoit laissé en volonté d'aller à Montmège faire les Roys. Vous faites fort bien de vous réjouir.... Je ne sais pas si vous êtes allée à Montmège avec un manteau, comme l'on dit que vous êtes toujours habillée de cette façon. Vous feriez fort bien de toujours mettre une robe, afin que l'on ne vît point comme vous avez le corps gâté. Vous prenez bien vos aises, car vous avez été toujours comme qui les a fort recherchées et ne songez pas à la conséquence qui en peut advenir. Vous n'aurez jamais vingt-cinq ans que vous aurez le corps tout perdu et aurez honte d'aller aux compagnies. Vous devriez plutôt vous accommoder d'une petite robe à ailerons et un petit vertugallin [1]. Pour le moins vous seriez à votre aise et votre corps se conserveroit mieux et plus honnestement. Voilà tout ce qu'aurez de moi pour le présent, qui demeurerai votre mère et bonne amie.

M. Buatier.

Les couches de Marie Fabry trompèrent de nouveau ses espérances. Elle eut une seconde fille. La question de substitution

---

[1] « Pièce de l'habillement des femmes qu'elles mettaient à leur ceinture pour relever leurs jupes de quatre ou cinq pouces. Il estoit fait de grosse toile tendue sur du gros fil de fer. Il les garantissoit de la presse et estoit fort favorable aux filles qui s'estoient laissé gaster la taille » (*Dictionnaire* de Furetière).

préoccupait toujours son père et sa mère. « Vous devriez avoir douze enfans, lui disait Marie Buatier, pour vous mettre hors de frayeur. » Il n'y eut pas de reproche à lui faire sous ce rapport. En seize ans de mariage, elle fut mère dix fois.

Il lui tardait beaucoup de revoir Paris, de retrouver ses relations de jeunesse, de jouir dans le milieu de la finance et de la robe du prestige de son nom et de son état. Elle put enfin être libre et alla passer dans la capitale l'hiver de 1622, qui fut très brillant à cause de la présence du roi. Elle fut reçue à la cour, fréquenta chez les gens de qualité, le duc des Diguières, le marquis d'Effiat, le comte de Foix, les Saint-Géran, les Chalais, amis ou alliés de son mari ; la duchesse de Ventadour, la duchesse d'Elbeuf, M^{me} de Fargis ; trôna dans la haute bourgeoisie, chez les Séguier, les Tudert, les Le Maistre, les Royer, ses parents. De son côté, Pompadour, ayant plus de relâche dans son gouvernement, put s'adonner plus librement à sa passion favorite : il fit de magnifiques chasses avec ses voisins les d'Hautefort, les Sainte-Aulaire, les Meillars. La grosse bête abondait encore à cette époque dans les forêts du Limousin, de la Marche et du Périgord. C'était plaisir de courre le cerf dans la Double, les grandes tailles de Meillars, les bois de Gouzon, ou de lancer le faucon dans la plaine d'Objat [1]. Ces parties s'organisaient à grands frais, longtemps à l'avance, quelquefois sous la forme d'un engagement écrit avec un dédit pour les défaillants. En voici un exemple :

Je promettons tous quatre, à peine d'un coureur de cent escus payable par celui qui faudra à se rendre à Gouzon le quinziesme de mai venant avec sa meute pour faire ce que nous jugerons à propos pour nostre contentement. Fait le 23^e de février (1622).

POMPADOUR, CHARLUS, MEILLARS, ROCHEFORT.

J'imagine que tous les signataires ne furent pas exacts au rendez-vous, car dès le mois d'avril la guerre avait recommencé. Pompadour resta cependant dans sa province. Le sieur de Soubise [2], parti de la Rochelle, menaçait de s'emparer du Poitou. Plusieurs villes s'étaient déjà rendues à lui. Le roi en personne

---

[1] La Double, contrée près Ribérac; Meilhars, près Uzerche; Gouzon, près Boussac; Objat, près Brive.
[2] Benjamin de Rohan, seigneur de Soubise (1585-1642).

se mettait en marche pour s'opposer au progrès des rebelles, mais il voulait à tout prix être vainqueur. Pour assurer ce résultat, le comte de la Rochefoucauld pressait d'Épernon, maintenant du parti du roi, de lui envoyer toutes les forces dont il pourrait disposer. Celui-ci, comme gouverneur, écrivit à Pompadour de diriger d'urgence sur le Poitou tous les gentilshommes de sa province qui voudraient combattre aux côtés du roi. Le lieutenant général s'empressa d'expédier des messagers à plus de deux cents gentilshommes dans toute l'étendue du Limousin [1]. La plupart furent prévenus tardivement, car les événements se précipitèrent. Soubise n'osa pas s'engager face à face avec le roi et abandonna lâchement ses gens. Au lieu de remporter une victoire, Louis XIII ne présida qu'à un massacre (16 avril) [2]. Pompadour se rendit à Poitiers pour féliciter Sa Majesté. M. de Schomberg était entré complètement dans la faveur royale. Il faisait partie du conseil étroit avec M. le prince, le cardinal de Retz, le chancelier et le garde des sceaux. Il fut nommé, cette année même, gouverneur de Limousin, en remplacement de M. d'Épernon. L'élévation de son beau-frère augmentait le crédit de Pompadour. Schomberg ne pouvant plus désormais quitter la cour, le lieutenant de roi était de fait gouverneur. Ses services ne tardèrent pas à être consacrés par une nouvelle grâce. Quelques mois après, il fut nommé maréchal des camps et armées du roi [3].

## VII.

La vicomtesse était rentrée à Pompadour à la fin de l'hiver, laissant à Paris, chez les Fabry, sa fille aînée Charlotte, âgée de trois ans, et qui était déjà une petite merveille de gentillesse et de grâce. Sa sœur, Mme d'Aultry, l'accompagna, mais ne passa que peu de temps avec elle, lui promettant de revenir dans le courant de l'année. Celle-ci paraît avoir été d'un tempérament plus calme [4]. Elle vivait dans un milieu différent. Des habitudes

---

[1] Nous avons cette liste de la main de Foucher.
[2] *Mémoires de Fontenay-Mareuil*, coll. Michaud, t. XIX, p. 164, 169.
[3] Brevet du 1er octobre 1622.
[4] Tallemant la traite encore plus mal que sa sœur (Art. du chancelier Séguier).

de chasse et de travestissement n'eussent pas été de mise dans
le cercle collet-monté des Séguier. C'est l'ambition qui tint le
plus de place dans sa vie et elle put se satisfaire, car elle devint
chancelière et duchesse.

Sa sœur repartie, Marie Fabry reprit ses façons d'amazone et
de chasseresse. Quand elle ne pouvait pas courir à cheval, elle
trottait en carrosse, faisant de nombreux déplacements à Laurière, au Châtellier, à Montmège [1], chez ses parents, ou à Treignac, à Juillac, à Bré, pour la surveillance des seigneuries, tellement qu'elle devint assez gravement malade. Elle était enceinte
une troisième fois, et les Fabry attendaient fiévreusement la
venue si désirable d'un robuste garçon. Mᵐᵉ Fabry craint qu'elle
ne compromette sa délivrance par ce dangereux amour du mouvement. Elle la morigène de nouveau, cette fois sans ménage-
ment. Le caractère de cette bourgeoise grondeuse et revêche,
tout en aimant tendrement son mari, ses enfants, déjà esquissé
dans une première lettre, se dessine encore mieux dans celle-ci :

Ma fille, ayant reçu la vôtre par votre laquais, par laquelle vous
me mandez que votre frère Villevesque se porte bien, je prie Dieu
qu'ainsi soit et qu'il le veuille conserver. S'il devenoit malade ce seroit bien pour faire le comble de tous mes ennuis ; y ayant quatre
mois que vostre père est retenu au lit par la plus fâcheuse maladie
qui se soit jamais vue. Je vous laisse à penser les ennuis et tourmens,
que j'ai eus et puis avoir tous les jours de voir monsieur Fabry votre
père toujours souffrir perpétuellement. Je prie Dieu que ce que les
médecins et chirurgiens m'ont assuré, qu'ainsi soit, qu'il sera bientôt
hors de tous ses grands maux et qu'il n'y ait plus que ses forces à reprandre, qui je crois seront longues de reprandre pour estre grandement abaissées. Monsieur de Pompadour me mande comme vous avez
esté grandement malade de votre grossesse. Il me semble que vous
devriez porter un plus grand soin que vous ne faites à vous bien soigner, car il n'y a que vous qui en courez le péril s'il y en a, et aussi
que vous devriez songer à la peine que vous nous avez faite de votre
dernière grossesse ; et ne vous gardant pas plus que vous faites vous
offensez Dieu et faschez grandement Monsieur de Pompadour, dont je
suis fort en colère contre vous, et s'il arrive faute de votre grossesse
et que votre enfant ne vienne pas à perfection, je vous déclare que je
ne vous veulx jamais voir ni faire estat de vous. Si j'eusse fait ce que
vous faites de toujours trotter dedans un carrosse vous ne fussiez pas

[1] Haut-Limousin et Quercy, chez ses belles-sœurs et cousines.

au monde, mais la crainte que j'ai toujours eue d'offenser Dieu et de fascher mon mari et une mère qui m'eût bien redressée a fait que je me suis toujours grandement bien gardée. Quand j'ai été grosse de vous j'en ai gardé le lict huit mois et demi. C'est dommage qu'il ne vous faille pas faire telles servitudes que j'ai faites pour des enfans ; et encores vous qui avez tant de besoin d'avoir des enfans. Vous en devriez souhaiter une douzaine afin de vous mettre hors de la frayeur. Pour le moins, quand cela sera vous n'aurez plus peur. Votre fille Charlotte est toujours malade. Elle se porte un peu mieux qu'elle n'a fait. La fièvre l'a quittée depuis deux jours. Pour moi je suis toute confite en malades. Les enfans donnent bien de la peine avant qu'ils soyent eschappés. Cella n'est guère propre aux gens qui sont sur l'âge. Ils n'ont plus besoin que de repos sur leurs vieux jours. Encores ont-ils assez à faire à se soigner eux-mêmes. Et sur ce finirai la présante et demourerai

Vostre mère,

M. BUATIER.

De Paris, ce XIII<sup>e</sup> septembre MDCXXII.

Le frère de la vicomtesse, Fabry de Villevesque, était venu passer quelque temps à Pompadour, mais M<sup>me</sup> d'Aultry ne l'avait pas suivi. Celle-ci était grosse de son côté, et, plus sage que sa sœur, elle s'interdisait toute locomotion violente. Foucher, qui était à Paris, écrivait à M<sup>me</sup> de Pompadour à la fin de décembre : « Ne faut pas espérer que vous ayez votre sœur chez vous qu'après ses couches, car elle ne va que dans une chaire portée par deux hommes, et c'est pour satisfaire M. d'Aultry et M. le président Séguier qui lui ont défandu les carrosses et litières. On croit qu'elle aura à ce coup un garçon, car elle ne vomit point du tout et se porte fort bien de sa grossesse. » Les prévisions de Foucher furent trompées. M<sup>me</sup> d'Aultry eut une seconde fille [1]. Quant à M<sup>me</sup> de Pompadour, au mois de janvier 1623, elle donna le jour à un garçon, à la grande joie de son père et de son mari. Dès sa naissance, il fut nommé M. le vicomte.

M. Fabry ne guérissait pas et Marie Buatier, la bonne femme, comme on l'appelle dans les correspondances, semblait fatiguée

[1] La chancelière Séguier n'eut que deux filles. Le cardinal de Richelieu maria la première au marquis de Coislin, son parent. La seconde, Charlotte, née le 5 avril 1623, épousa le prince d'Enrichemont, fils ainé du marquis de Romy et petit-fils de Sully.

de vivre, quoiqu'elle eût très bonne santé. Le contentement de
se voir un petit-fils ne lui fut pas donné. Peu de temps après la
lettre que nous venons de transcrire, elle mourut presque subi-
tement. « Elle se portoit si bien, écrivait Foucher, qu'elle
dina aussi bien qu'elle avoit fait il y a longtemps, avec M. de
Villevesque et M^me d'Aultry, qui demeurèrent avec elle à rire et
à parler de choses qui pouvoient divertir M. Fabry; et pendant
tout le temps que M^me d'Aultry demeura avec, la bonne femme
ne se plaignit de chose au monde si ce n'est d'une petite douleur du bras droit qu'elle disoit avoir été causée par un effort
qu'elle avoit fait le jour précédent en ouvrant une porte. Sur les
quatre heures et environ un quart, M^me d'Aultry prit congé
d'elle. Cette bonne femme l'embrassa, la priant de se bien conserver, lui disant que si elle venoit à se gâter, elle ne la verroit
et cela la feroit mourir. » La nuit elle fut prise de fièvre. Deux
jours après elle était morte. Foucher, en annonçant ce triste événement à son maitre, lui faisait part d'une nouvelle attention de
M. Fabry. Alité depuis plus de huit mois et sous le coup d'un
grand chagrin, il songea cependant à faire avertir son gendre
qu'il entendait le soulager des frais de deuil et qu'il lui enverrait douze cents écus pour mettre sa maison en noir [1].

Les affaires de Pompadour ne marchaient pas à souhait. Les
arrérages de sa pension étaient en retard. C'était la coutume.
Le roi payait fort mal, mais comment se montrer exigeant vis-
à-vis d'un bienfaiteur? Chose plus grave, plusieurs quartiers de
sa compagnie de gendarmes avaient été assignés sur un traitant
« qui s'était rendu insolvable. » C'était une grosse perte que Foucher lui annonçait. Les officiers attendraient, mais il fallait nourrir les soldats au jour le jour. D'autre part, Schomberg, cet ami si
précieux, alors surintendant des finances, venait de tomber en disgrâce. « Le 20 janvier, à quatre heures du soir, le roi lui envoya
commander par M. Tronson, secrétaire du cabinet, qu'il quittât
le soin de ses affaires et s'acheminât dès l'heure même dans l'une
de ses maisons, ce que ledit sieur fit à l'instant, sans faire
autre réponse que celle-cy, qu'ayant tousjours praticqué l'obéissance il estoit prest à l'observer. Et demie heure après il rentra
dans son carrosse et prit sa route droit au Bourget où il coucha

---

[1] Foucher à M. de Pompadour, janvier 1623.

celte nuit pour s'en aller à Nanteuil [1]. » Pompadour perdait ainsi
son meilleur protecteur à la cour ; mais dans la province son influence augmentait encore, puisque le gouverneur était comme
exilé.

La maladie de M. Fabry persistait. Son corps était couvert de
tumeurs et de duretés qui disparaissaient sur un point et reve-
naient sur d'autres. Il tenait le lit depuis une année entière.
Une certaine amélioration se déclara. Pompadour, qui était allé
le voir et se montrer en cour, envoya à sa femme des nouvelles
plus rassurantes. Son séjour fut écourté par l'ordre des ministres qui n'entendaient pas que la province restât longtemps
sans surveillance. Il partit, croyant tout danger éloigné. Une re-
chute survint et le vieillard, à bout de forces, fut emporté en
quelques jours sans que sa fille et son gendre préférés lui fer-
massent les yeux. Il mourut le 10 août 1623.

## VIII.

La succession du trésorier général fut fort difficile à régler.
D'acrimonieuses et longues discussions s'élevèrent à ce sujet et
refroidirent les rapports de famille. M. Fabry fils, qui avait
succédé aux charges de son père, voulait, paraît-il, se faire la
part trop belle. Ses sœurs lui reprochaient d'avoir obtenu des
avantages par un codicille *in extremis*. Aussitôt après le décès,
il avait fait mettre les scellés sur tous les meubles et effets de la
succession, mais, préalablement, des coffres chargés de papiers
avaient été enlevés par ses ordres et portés à son domicile par-
ticulier. Mme d'Aultry, retenue chez elle par les suites de ses
couches, se plaignait amèrement de ces manœuvres accomplies
à son insu. Fabry de Villevesque objectait qu'il avait fait toutes
choses en homme de bien, comme on le verrait. S'il avait mis en
lieu sûr la plupart des papiers de son père, c'était une précau-
tion dans l'intérêt commun, afin que la Chambre des comptes,
envoyant mettre les scellés, comme de coutume pour les financiers, ne pût arriver à connaître tous les secrets de la succession.
La mesure était avisée. Les derniers jours du trésorier général
avaient été attristés par le commencement des recherches contre

[1] Foucher, 21 janvier 1623.

les financiers. D'autre part, des questions de rapport devaient s'élever entre les deux sœurs. M. Fabry père avait fait de très nombreuses avances à son gendre de province, mais il avait payé en entier, pour ainsi dire, la charge de maître des requêtes de M. d'Aultry. Ces questions prirent un moment beaucoup d'aigreur, et Marie Fabry alla jusqu'à écrire à une de ses parentes [1] que sa sœur d'Aultry lui retenait son bien. Cependant on ne plaida pas. Des hommes d'affaires furent chargés d'accorder les parties. Pompadour choisit pour défendre ses intérêts le célèbre avocat Loyseau, qui fut assisté de Foucher. Maîtres Huart, Le Maistre, de Matharel, avocats [2], et M. de Tudert [3], oncle de M. d'Aultry, représentèrent ses cohéritiers. M^me de Pompadour dut s'établir à Paris pour se rendre compte de l'état de la succession et assister aux premières opérations du partage, portant sur les meubles, argenterie, etc. Elle y était arrivée dans la seconde quinzaine de septembre.

Ici se place un incident sur lequel nous ne pouvons faire une lumière complète, mais qui tourmenta beaucoup Pompadour. Après le départ de sa femme et probablement pendant son voyage, il reçut une lettre à elle adressée, dont il prit connaissance et qui excita grandement sa colère. Il s'en expliqua vivement avec la vicomtesse et même avec Foucher. Quoique la chose ne soit pas très claire, il semble bien que Marie Fabry était l'objet d'une recherche impertinente de la part d'un soupirant qui lui avait écrit en termes peu mesurés. Voici la lettre de Pompadour à sa femme. On appréciera.

### A *Madame de Pompadour.*

Je vous diray que j'ay reçu une lettre que ce petit coquyn et ce petit glorieux de Materet vous écrit et que je vous garde afin que vous voyez l'insolence de ce maraud, et si vous voulez que je continue de vous aymer, vous ne parlerez jamais à lui ni ne le verrez jamais, car vous verrez avec quelle insolence il vous parle. J'escris à Foucher d'en parler à monsieur vostre frère, afin qu'il le chasse de

---

[1] Lettre à M^me de Saint-Denis : « Je ne puis donner le mien comme Madame la présidente qui retient mon bien et vous donnant ce qu'elle vous donne ce n'est rien du sien. Vous suppliant de m'en excuser ayant besoin de tout ce qui est a moy ayant quantité de petits enfans.... »

[2] Ce sont les noms les plus illustres du barreau de cette époque.

[3] Claude de Tudert, seigneur de la Bournalière, frère de la mère de M. d'Aultry.

chez luy. Je crois qu'il le faira, parce que je tiens ses insolences si grandes que si je le trouve jamais, je luy bailleray de l'espée dans le corps et qu'il s'en tienne seur. Tesmoignez moy en cella que vous m'aymez autant que vous me le protestates au partir de céans. Vous sçavez bien comme je vous ay aimée toute ma vie et comme je vous ai honorée et honore. Baillez moy donc subject de contentement en cella, et ayez soin de faire vos affaires et vous en venir le plus viste que vous sera possible, car je ne seray point content que je ne soye près de vous et que je ne puisse vous embrasser, ne chérissant, ma chère vye, rien au monde que vous à qui je suis de cœur et d'âme jusques à ma fin.

Vostre très humble serviteur,<br>POMPADOUR.

Et il dit à Foucher qu'il enverrait la lettre à M. Fabry, s'il ne tenait à la montrer lui-même à sa femme, « afin qu'elle rougisse d'honte de ce qu'elle souffre qu'on lui écrive de cette façon. » Il le supplie de rappeler à sa femme qu'il lui « défend d'entre-voir jamais cet homme, sinon elle le désobligera jusqu'au bout. » Il ne doute pas que M. Fabry ne lui interdise l'entrée de sa mai-son, car cela le touche aussi de près.... Nous savons, par la réponse de Foucher, que le frère prit de son côté la chose au sérieux et ferma sa porte à l'audacieux personnage. Il avait pourtant des ménagements à garder envers lui, à cause de Matharel, son avocat dans les affaires de la succession et un peu son parent. Ce Materet, d'après l'orthographe de Pompadour, était le fils de l'avocat, un mauvais sujet qui fut enfermé à la Bastille, ainsi que nous l'apprend Tallemant des Réaux [1]. Fou-cher ne manque pas de rassurer son maître, lui déclarant qu'il n'y a « rien de sinistre » dans cet incident et qu'il ne doit « rien en laisser paroitre au monde. » Il est visible, en tout cas, que Pompadour n'était pas aussi accommodant que veut bien le dire l'auteur des *Historiettes*.

Marie Fabry revint à Pompadour avec sa sœur, Mme d'Aultry, qui devait être marraine du vicomte. M. d'Aultry, alors inten-dant de justice à Bordeaux, voulait être de la partie et demanda un congé à cet effet. Le roi le lui refusa. Foucher, qui restait à Paris pour les affaires de la succession, conseillait au lieutenant général de ne pas faire de grandes assemblées à cette occasion

[1] Article du chancelier Séguier.

« pour force raisons dont la plus essentielle va au sujet des querelles et divorce qui sont dans le pays, » mais il ajoutait que si monseigneur voulait donner une fête et réunir ses amis, il fallait exceller et ne rien négliger. Madame étant en route et Pompadour n'étant guère homme de ménage, l'intendant traçait ce qu'il y avait à faire dans le dernier cas : « envoyer chercher au loin beaucoup de choses qu'on ne peut trouver dans le pays, de beaux fruits et des confitures vers Clermont, faire amasser force dindons, poulets, chaponneaux, faire venir des jambons de Bayonne et avertir au loin tous les amis de la maison pour qu'ils se préparent à chasser dès qu'on le leur mandera, etc., etc. » Si l'on veut faire des « feux, » il se chargera de prendre des pièces chez le sieur de Féran et les enverra par la première occasion [1]. Le baptême eut lieu avec une grande pompe. Tous les parents et amis y furent conviés. La santé de M. d'Aultry ne fut pas oubliée dans ces agapes. Elle fut portée avec les vins qu'il avait envoyés en présent, du Bordelais.

Comme le disait Foucher, il y avait à cette époque une véritable rage de duels en Limousin, comme partout en France. Le tribunal du point d'honneur ne fonctionnait pas dans les provinces. Le lieutenant général avait souvent à intervenir pour apaiser les querelles ou faire punir les contrevenants aux édits sur la matière. M. de Noailles venait de se battre avec le marquis de Conros et l'avait laissé pour mort sur le pré. MM. de Vergy et de Saint-Julien, suivis de leurs amis, passaient journellement, en cavalcade, sous les fenêtres du château de Saint-Ybars pour provoquer M. des Cars à une sorte de bataille rangée ; MM. de Puygauffier, de Peyzac [2], vingt autres s'étaient rencontrés ou se cherchaient en cette année 1623. Pendant l'absence de sa femme, Pompadour lui-même, quoique lieutenant général, avait été appelé par un jeune gentilhomme de son voisinage, François de la Baume-Forsac, qui lui avait fait remettre un défi solennel, comme au moyen âge, par un valet

---

[1] Foucher à M. de Pompadour, septembre 1623. — Les feux d'artifice étaient un divertissement fort à la mode et le sieur de Féran, célèbre artificier, envoya plusieurs fois des pièces de son art au château de Pompadour.
[2] Sur l'identité de ces gentilshommes appartenant aux premières familles du Limousin, on peut consulter le *Nobiliaire de la généralité de Limoges*, par Nadaud (Limoges, 1882).

transformé en héraut [1]. Pompadour ne redoutait pas un duel.
Dans son adolescence, il avait eu une affaire célèbre « avec un
des plus roides et vaillans chevaliers de Guyenne, » et l'issue
faillit en être fatale à l'un et l'autre adversaires qui furent
teints de leur propre sang [2].... Mais le représentant du roi dans
la province ne crut pas devoir accepter un cartel dicté d'ailleurs
par le déplaisir de la perte d'un procès et se borna à réclamer
du gouverneur une admonestation à l'adresse du jeune rodo-
mont.

Des querelles moins dangereuses nécessitaient parfois l'inter-
vention du lieutenant de roi. Le 22 juillet 1624, aux obsèques de
la femme du procureur du roi, célébrées à Tulle, eut lieu une
violente dispute de préséance entre la lieutenante générale (Mlle de
Fénis, née de Maynard) et la femme du président-trésorier général Jaucen de la Geneste (née Douson de Bairan). Ce fut une
véritable bataille. Les parentes, les amies, les domestiques de
ces dames s'y mêlèrent. Mlle la lieutenante fut poussée par
Mlle la présidente fort rudement, dit Étienne Baluze (le grand-
père du savant) dans son Livre de raison. Et il ajoute : « Estant
accourues ma femme et ma fille furent battues par la mère du
trésorier, sa femme, sa fille de chambre et autres qui les assis-
toient au grand escandale du peuple. Il y eut des coups fourrés
de part et d'autre [3]. » La troupe de la présidente fut la plus
forte, laissa des blessés sur la place et resta maîtresse de la po-
sition. Pompadour dut se transporter à Tulle, faire une enquête,
décider sur ce conflit. Par une ordonnance en forme, scellée de
ses armes, contresignée par son secrétaire, il arrêta « que M. Ter-
riou, maire de Tulle, serait chargé de conduire la fille de chambre de Mlle la présidente au logis de Mlle la lieutenante générale
où estant, ladite fille prieroit ladite lieutenante de la vouloir
pardonner, de laquelle satisfaction se contenteroit ladite lieutenante. » Il ordonna ensuite pour l'avenir « que le lieutenant général et par suite sa femme auraient la préséance en toute ac-

[1] Ces cartels, rédigés en termes si solennels qu'ils en étaient plutôt
ridicules, étaient encore à la mode. On peut en voir des spécimens reproduits
dans Les Papiers de Noailles, par Louis Paris, t. II, p. 319, 321 (Paris, 1875).
[2] Guyon de la Nauche, op. cit. Nadaud (Nobitiaire, t. II, p. 419) rapporte
que ce duel, sur lequel nous n'avons pas d'autres détails, eut lieu en 1603,
mais cette date est évidemment erronée, Philibert étant né en 1585.
[3] Livre de raison des Baluze, publié par M. Louis Guibert (Tulle, 1888).

tion, sauf aux baptêmes et honneurs funèbres que les plus proches parens passeront les premiers, attendu la coustume de ladite ville sur ces cérémonies [1]. » Les sollicitations pressantes
que M. Douson de Bairan, président au Parlement de Bordeaux,
adressa à M. d'Aultry et à M. de Pompadour en faveur de sa
fille, Mlle de la Geneste, ne furent peut-être pas sans influence
sur cette singulière décision.

## IX.

Les affaires de la succession appelaient Pompadour à Paris.
Foucher, qui y était à demeure pour veiller au partage, lui écrivait depuis déjà longtemps que sa présence était indispensable
et que ses cohéritiers l'attendaient impatiemment. Un grave
incident était survenu. La succession du trésorier des guerres
avait été comprise dans les recherches contre les financiers, et
Foucher assurait qu'elle serait taxée au moins à 200,000 livres [2].
Fabry fils, financier à la suite de son père, n'était guère en po-
sition d'obtenir du roi la diminution de cette taxe. Il réclamait
des démarches de ses deux beaux-frères, particulièrement du
lieutenant général, qui était bien vu à la cour et avait accès auprès du prince et des ministres. Celui-ci se détermina à agir, se
rendit à Paris, sollicita de Sa Majesté cette nouvelle faveur. Il
obtint que la taxe serait réduite à 100,000 livres. C'était un résultat inespéré. Fabry fils déclarait qu'il n'y avait plus qu'à
payer promptement pour éteindre cette dangereuse reven-
dication. La succession présentait bien d'autres difficultés, mais
après ces premiers conflits que la rivalité des intérêts soulève
presque toujours sur les tombes, les trois beaux-frères s'accor-
dèrent sans procès, comme d'honnêtes gens. Les partages
étaient terminés en 1625. Pompadour, depuis son mariage, avait
touché de M. Fabry 260,000 livres en chiffres ronds. Il recueillit
dans la succession environ 400,000 livres, sans parler des
meubles et de l'argenterie. M. Fabry avait en outre légué à la

[1] Pièce originale, *ap. me.*
[2] Richelieu venait d'entrer au ministère, et c'est lui qui fit décider ces
poursuites, qui ne tendaient pas à punir les financiers prévaricateurs, mais à
obliger ceux qui ne se sentiraient pas sans reproche à demander composition
et à laisser pratiquer, comme le disait le nouveau ministre, « une saignée
dans leur bourse » (Bazin, *Hist. de Louis XIII*, liv. VII, ch. Ier).

jeune Charlotte de Pompadour et à Marie Séguier, fille aînée
de M^me d'Aultry, à chacune 30,000 livres.

Ce brave Pompadour avait repris à Paris ses habitudes de dépense. Il se faisait faire des habits de cheval qui coûtaient
400 livres pièce, des vêtements de parade de 1,000 livres, sans
compter la petite oie [1], des chemises de la plus fine toile de Hol-
lande, s'approvisionnait largement de canons, de dentelles, de
plumes. Les divertissements de la cour occupaient ses soirées.
Il assista aux ballets du roi et de la reine. Le roi dansa le sien,
mais non la reine, parce qu'elle eut tout à coup des symptômes
de grossesse [2] (mardi gras 1625). M^me d'Aultry y fut conduite
par M. le marquis de Mouy, capitaine des gardes, ce dont elle
fut très fière. Le matin Pompadour allait à la foire de Saint-
Germain, où il jouait et perdait régulièrement. M^me d'Aultry l'y
accompagnait souvent et mandait à sa sœur qu'elle ne pouvait
le modérer, qu'il ne savait pas se débarrasser des marchands et
qu'il leur devait déjà plus de mille écus. Il paraît qu'il avait eu
l'imprudence de confier des signatures en blanc à quelques
amis peu délicats qui en avaient mésusé. Il était sous le coup de
poursuites; on saisissait ses chevaux pour des obligations dont
il n'avait rien touché. En même temps, quelques-uns de ses tenanciers du Limousin pour des biens ecclésiastiques étaient
mis en prison parce que leur seigneur ne payait pas les décimes
dus au roi. Marie Fabry conçut de tout cela une violente irri-
tation. Elle comprenait le goût du plaisir, mais n'aimait pas le
gaspillage. L'emprisonnement des tenanciers lui parut un vrai
déshonneur. Elle écrivit à son mari une lettre de reproches tellement vive que celui-ci en fut troublé jusque dans sa santé et
s'apprêta à quitter immédiatement la capitale. Lui aussi eut
« un crève-cœur » de l'affaire des malheureux tenanciers. Foucher, en faisant part à la vicomtesse de la peine et de l'humi-
liation ressenties par son mari, lui remontre qu'elle est allée
trop loin et que, pour la paix de son ménage, elle ferait bien de
calmer ses sentiments. Il l'engage à effacer par un tendre

[1] Garnitures de rubans pour l'habit, le chapeau, le nœud d'épée, les bas,
les gants, et qui coûtaient souvent beaucoup plus que l'habit.
[2] C'est Foucher qui écrit que la reine « etoit grosse. » M. Armand Baschet,
dans son curieux ouvrage *Le Roi chez la reine*, ne parle pas de cette grossesse.
On sait qu'Anne d'Autriche ne devint mère qu'en 1638.

4

accueil les impressions de mécontentement avec lesquelles
monseigneur revient vers elle, et lui fait observer qu'elle se tour-
mente beaucoup trop pour des questions d'argent, la prospérité
et l'opulence de sa maison étant désormais assurées. « Donnez
donc du relâche à votre esprit, je vous supplie très humblement,
Madame, et n'appréhendez tant comme vous faites de vous voir
bientôt liquidée et fort dans l'aisance ; et que vous faisant sa di-
vine bonté la grâce de vivre longtemps, comme votre âge me le
fait espérer, vous vous verrez si abondamment dans toutes
sortes de biens qu'il ne vous restera qu'à désirer de la santé
pour en jouir avec plaisir et contentement, au lieu que si vous
vous tourmentez de la sorte que vous faites, vous serez si fort
dans les douleurs et continuelles maladies que vous souhaiterez
lors n'avoir pas tant pris sur votre personne et qu'il vous eût
coûté la moitié de vos biens. Ce qui me fait prier Dieu, de toute
mon affection, que vous usiez avec plus de modération des
choses du monde, n'altérant pas tant votre esprit comme vous
avez fait et que vous songiez, Madame, qu'il y a beaucoup plus
de biens au monde pour vous que de vie [1]. »

Le faste et la prodigalité de Pompadour étaient tout relatifs
et restaient bien loin de la véritable folie de dépense de certains
grands seigneurs de l'époque. Cette année même, Foucher écrivait à propos du mariage d'Henriette de France avec le roi
d'Angleterre : « .... Le duc de Bouquincant vient avec une magnificence telle qu'il appartient à un favori du roy. Mais à peine
pourra-t-il approcher de celle de M. le duc de Chevreuse, qui a
dès à présent dépendu cent mil écus et est en danger de se voir
engagé à faire une nouvelle dépense, d'autant qu'il s'étoit dis-
posé à faire son équipage et habits d'hiver et qu'il ne fera
peut-être son ambassade qu'au printemps ou été, ce qui fâche
fort ceux qui se sont engagés d'aller avec lui, qui se sont
plongés dans la dépense qui sera la pluspart inutile, et force
autres se moquent d'eux.... Mais de tous ceux qui sont pré-
parés, il n'y en a pas un seul qui soit au point de magnificence
qu'est M. de la Coste, car il a dix-huit paires d'habits, tous complets, tous plus beaux que l'autre, et si l'on dit que M. le duc de
Chevreuse n'en a que dix-sept, dont il n'y a que deux de plus

[1] Foucher à M^{me} de Pompadour, mars 1625.

riches que ceux du sieur de la Coste qui sont de perles et de dia-
mans estimés à trois cens mil écus [1]. »

Pompadour aurait voulu ramener sa fille Charlotte, mais cette
enfant, d'un charmant visage et d'une intelligence fort précoce [2],
faisait la joie du vieux garçon Fabry. Malgré son jeune âge
(cinq ans à peine) elle était un trait d'union entre les membres
de la famille au temps de leurs divisions d'intérêt. Pompadour
n'osa pas l'enlever à son *nonou*, comme la petite appelait son
oncle. La vicomtesse, tout en comprenant cette concession faite
à la tendresse d'un frère à héritage, en fut très chagrine. Depuis quelque temps, elle était très souffrante d'une quatrième
grossesse. Ne pouvant dompter son besoin de mouvement et, en
l'absence de Foucher, obligée de veiller de plus près aux affaires,
elle continuait de courir en voiture, se transportant dans les
seigneuries, visitant les receveurs et officiers de justice. Elle revenait brisée de ces imprudentes expéditions, et le médecin du
château [3] devait souvent coucher dans la chambre de la malade pour parer à tout événement. Après le retour de son mari
elle resta plus calme, mais bientôt sa santé étant de nouveau
ébranlée, elle déclara qu'elle ne pouvait supporter plus longtemps l'éloignement de sa fille. Elle usa de tous les ménagements
envers M. Fabry, qu'elle savait devoir être vivement peiné, mais
elle lui réclama la jeune Charlotte, allant jusqu'à dire que si l'enfant tardait, elle ne trouverait peut-être plus sa mère vivante.
La séparation décidée, au grand chagrin de l'oncle, la vicomtesse
donne ordre à Foucher de conduire l'enfant avec tous les soins
voulus.

Monsieur,.... Par le dernier ordinaire, vous ne reçûtes point de mes
lettres, mais le pitoyable état auquel j'étois faisoit que je ne songeois pas
à vous écrire. L'on écrivit une lettre à Monsieur Fabry en mon nom et
me la fit-on signer sans que je susse ce qui étoit dedans. C'est pourquoi

[1] Foucher à M^me de Pompadour, mars 1625. — Nous ignorons quel était ce
sieur de la Coste qui achetait pour un million d'habits afin d'éclipser le luxe
de M. de Chevreuse.

[2] C'était une petite merveille. Toutes les correspondances sont d'accord là-
dessus. « Son teint est si beau qu'elle ravit tous ceux qui la voyent; hier
encore, MM. les comtes de Gurçon et de Vaillac, lequel comte de Gurçon la
baisa cent fois, estimant que vous avez fait un miracle en la mettant au
monde. » Foucher à M^me de Pompadour, mardi gras 1625.

[3] Guyon de la Nauche parle de ce médecin domestique de la maison de
Pompadour, le docteur Brethon, et vante sa capacité.

vous lui en ferez mes excuses de ma part, et le prierez d'avoir cependant mes prières pour agréables. En l'état où je suis je ne puis me passer de ma fille. Je vous dirai donc pour toute chose que je vous envoie ma litière attelée de deux mulets que j'ai empruntés d'une de mes amies et lesquels vous recommande bien fort. La crainte que j'ai eue que les miens ne fussent pas assez forts a fait que j'ai emprunté ceux-là, étant assurée qu'ils sont très bons et qu'ils la porteront très bien.... C'est pourquoi je vous supplie que le lendemain que ma litière sera arrivée, ou deux jours après, de partir et de me l'emmener. Je vous avois mandé de lui chercher une gouvernante comme vous ferez. Je ne désire pas qu'elle soit jeune et je serois plus aise que ce fût une femme qu'une fille et de l'âge de trente ans. Avant de la prendre vous la ferez voir à ma cousine Royer afin qu'elle voie si ce sera le fait de ma petite. Je vous envoie le mémoire de ce que ma fille a à Paris et que vous ferez tout emballer et porter par les rouliers. Vous ferez faire à ma fille une robe de satin plein ou à fleurs, le mettant à votre choix, garnie d'un bord d'argent avec le bonnet et le restant de ce que vous savez qu'il faut, et lui en ferez faire une autre de camelot blanc passementée d'un passement blanc, si tant est que la sienne ne soit pas bonne. Vous lui ferez faire un petit manteau de chambre, si elle n'en a point, de quelque petite étoffe qui coûte le moins que vous pourrez. Pour ce qui est du linge, je ne vous mande point de lui en faire faire parce qu'à mon départ de Paris mon frère parloit de lui en faire faire, outre ce que je vous mande qu'elle a, qui est deux douzaines de tout. Vous lui ferez provision de bonnets, de plumes, de quantité de paires de gants, de chaussons, de souliers, de masques, de coiffes, et prendrez garde de lui acheter un grand masque qui lui prendra à la racine des cheveux et lui viendra sous le menton avec une grande mentonnière, une grande coiffe sur sa tête, un mouchoir sur son col et des gants qui lui viennent en se boutonnant jusqu'au coude, lorsqu'elle sera dans sa litière. Vous recommande comme les yeux de votre tête de ne la point quitter et suis d'avis que vous lui fassiez faire un petit matelas avec un traversin et la mettrez couchée tout du long de la litière avec sa coiffure de nuit, de peur de la travailler par le chemin. Vous savez comme elle m'est chère, je vous la recommande au nom de Dieu. Et si tant est que je recouvre ma convalescence j'irai au devant d'elle jusqu'à Limoges.... Et vous dirai de vous en venir sans vous amuser à passer par un lieu, comme à Laurière, au Chastelier et ainsi des autres, le plus promptement que vous pourrez. Vous achèterez aussi des poupées et autres petites gentillesses pour lui faire passer le temps et lui changerez son ménage d'argent en un de neuf. Et sur toute chose lui ferez prendre congé de Mme la duchesse d'Elbœuf à laquelle vous la mènerez à ce sujet et lui

ferez bien dire tous ses complimens. Il n'y a point de danger aussi
qu'elle aille dire adieu à tous ceux du quartier. Et vous souvenez de
la gouvernante que vous prendrez qu'elle soit quatre ou cinq jours
près de la petite pour apprendre de sa Fanchon comme on la gouverne,
afin qu'on ne la change point en son naturel. Et en vous en venant
vous instruirez la petite à faire les caresses qu'elle doit à son frère et
à sa sœur et à tous ceux qui sont ici. Je ne vous puis écrire autre
chose, si ce n'est de prendre garde en passant les rivières qu'il n'arrive quelque chose à ma fille et si les rivières sont grosses d'aller
passer du côté de Blois et de Châtelleraut pour éviter les eaux. Et au
moins quand elle partira qu'elle embrasse bien son *nonou* et qu'elle
le remercie de la peine qu'elle lui a donnée. Je ne vous puis mander
autre chose que cela sinon que je suis, Monsieur.

Votre très humble servante,<br>M. Fabry.

Vous verrez si vous devez donner quelque chose à la Fanchon, vous
le ferez donner par la petite à son départ. Et pour ce qui est des domestiques, monsieur leur a donné quand il s'en est allé, c'est pourquoi il n'est pas de besoin qu'elle donne rien. Je vous la recommande
plus que ma chair propre.

Pompadour, ce 12e avril 1625.

Pompadour écrivait de son côté à l'intendant :

Monsieur, ma femme n'a point de repos qu'elle ne voie sa fille et
est assez mal pour qu'elle ait ce contentement. Elle envoie sa litière
pour la quérir. Je vous prie, ayez soin de la mener et vous en venir le
plus vite que vous pourrez, car nous avons grand besoin de vous
pour toutes choses. Portez-nous le plus d'argent que vous pourrez et
ne manquez à rien de ce que je vous ai ordonné par ma dernière
lettre. Portez moi un couple de pièces des plus belles étoffes que vous
trouverez pour porter avec cette petite robe de tabis que nous avons
fait faire, les manches de même, la jupe aussi. Ne faillez à me faire
venir le cabinet que j'ai acheté, le portrait que j'ai gagné du roi. Souvenez-vous des orangers, portez moi un jeu d'échecs et deux douzaines de dames blanches et noires, aussi quelques livres nouveaux, s'il
y en a, et souvenez-vous d'avoir bien soin de ma fille; car je ne chéris
rien plus qu'elle.

Votre meilleur ami,<br>Pompadour.

La fillette partit au commencement de mai. Dès la première
étape, Foucher envoyait par l'ordinaire des nouvelles du voyage :

Monseigneur, encore que je me sois donné l'honneur de vous écrire le 29e du passé par l'ordinaire et donner avis que je ferois partir Mademoiselle le samedi suivant, je n'ai voulu manquer à me donner l'honneur de vous dire qu'elle partit ledit jour après dîner et coucha à Linars, de Linars à Engerville et de là à Orléans, d'où elle est partie après dîner à cause de quelque affaire que j'ay faite avant de partir. Elle partira avec l'ayde de Dieu demain matin, et espère qu'elle ira coûcher à Villefranche et jeudi au soir elle sera à Châteauroux, de sorte que j'espère qu'elle sera dimanche à midi à Limoges, en bonne santé comme elle est à présent, vous pouvant asseurer qu'elle ne me donne nulle peine et est bien joieuse d'aller voir sa bonne maman et me dit sans cesse qu'elle voudroit desja être à Pompadour pour embrasser sa bonne maman et son bon papa. Ce a été une dure séparation pour M. Fabry, à qui elle a coûté bien des larmes.... Je ne puis vous dire autre chose pour nouvelle que la composition qui est bien rude. J'ay veu M. le comte de Schomberg afin de vous faire descharger de votre tiers [1]. Il m'a fait de froides réponses et je ne crois pas que vous receviez grande assistance de ce costé-là. Et l'on tient qu'il est en si mauvaise posture que si dans quinze jours il ne se raffermit on craint qu'il sera contraint de se retirer dans son gouvernement. Il fait fort la cour au cardinal, mais il n'y a point de *fiat* au patenotre de l'un et de l'autre....

FOUCHER.

La Ferté, 4e may 1625.

Singulière coïncidence ! Marie Fabry, malade, aspirait à revoir sa fille, craignant de mourir avant qu'elle fût revenue auprès d'elle. Et pendant ce temps elle se montrait sourde aux prières d'une mère qui lui réclamait son fils dans des circonstances identiques. Le petit-fils d'un vieux gentilhomme nommé M. d'Arcy était page de la vicomtesse. Elle l'aimait beaucoup, paraît-il. Mais la mère de l'enfant était beaucoup plus malade que Marie Fabry, et demandait instamment que son fils lui fût rendu. Ses plaintes restaient sans résultat. M. d'Arcy dut écrire à M. de Pompadour une lettre fort vive : « Vous me faites acheter trop chèrement, lui disait-il, l'amitié que vous portez à mon petit-fils, puisqu'il faut que je la paye par la perte de la vie de sa

---

[1] La contribution imposée par la chambre de justice opérant contre les financiers. — Pompadour, après avoir obtenu du roi la diminution de la taxe, voulait être déchargé du tiers qui lui incombait personnellement. — Depuis 1624, Richelieu était au pouvoir. Schomberg avait été rappelé et admis au conseil, mais, comme on voit, sa situation était encore menacée.

mère, qui est réduite aujourd'huy à un état si misérable que je n'ose espérer autre meilleure condition que la mort. C'est exercer sur nous une trop grande sévérité, pour ne pas me servir d'un autre terme plus rude, de retenir notre fils par force, malgré nous, et souffrir de voir mourir sa mère de regret de ne le voir pas. » Il terminait cette missive du ton le plus pressant et le plus irrité, en sommant M. de Pompadour d'envoyer l'enfant sans aucun délai, sans quoi il viendrait le prendre lui-même [1]. Et Foucher, qui était témoin à Paris de la colère de ce vieillard, disait : « Tout vieux qu'il est, il est homme à faire le voyage, aussi froidement que s'il n'y avoit qu'une journée. »

Charlotte arriva à bon port. Sa gentillesse charma l'ennui de sa mère, aida à sa guérison. Pour la quatrième fois, Marie Fabry eut d'heureuses couches. Elle eut une fille qui reçut au baptême le nom d'Esther, mais qu'on appela mademoiselle de Treignac.

## X.

Les partages étaient à peu près terminés. L'aisance allait régner dans la maison. Jusqu'alors l'opulence s'y étalait à la surface avec la gêne en dessous. Même depuis la mort de son père, la riche héritière avait été obligée de mettre partie de ses joyaux et de sa vaisselle en gage pour faire face aux dépenses de son mari. Foucher, à qui Tallemant fait jouer un tout autre rôle, montrait des sentiments qu'on ne rencontre pas dans les âmes vulgaires. Ayant eu connaissance de la nécessité de la vicomtesse, il lui écrivait le 19 février 1625 (Pompadour était en ce moment à Paris, perdant son argent au jeu du roi ou à ceux de la foire) : « J'ay vendu ma charge et crois en toucher dix-neuf ou vingt mille livres. Vous sçavez, Madame, que tout ce que j'ai eu et aurai jamais en ma puissance a toujours été en la libre disposition de Monseigneur et à la vôtre. Je n'aurai jamais d'autre inclination que le bien de vos affaires. Et attendrai vostre volonté, si tant est que vous désiriez vous servir de cette somme en tout ou en partie, attendant que j'aye trouvé lieu de l'employer.... étant résolu de ne plus désemparer la présence de mondit seigneur ou des affaires de sa maison, priant Dieu qu'il me fasse

[1] Lettre de M. d'Arcy, avril 1625.

la grâce d'y servir aussi utilement comme j'en ai d'affection et de bonne volonté. »

Marie Fabry prit alors d'une manière plus suivie les rênes de l'administration. Elle avait déjà prouvé, disait Fabry fils, « qu'elle étoit non seullement entendue aux ménageries et économies de sa maison, mais encore aux affaires d'importance et d'esprit. » Les receveurs, les officiers, les hommes de loi traitèrent directement avec elle. C'est à partir de ce moment qu'elle entreprit cette liquidation dont parle Foucher, c'est-à-dire le paiement des dots de ses belles-sœurs [1] et autres dettes, la délivrance des terres engagées, le règlement des nombreux procès, le rétablissement de l'ordre et d'un large bien-être dans sa maison. Elle y réussit complètement.

Pompadour la laissait faire et s'absorbait dans les devoirs de sa charge. La tranquillité de la province laissait de nouveau à désirer. Il y avait continuellement des passages de troupes. Sous l'ancien régime, c'était un des fléaux qui tourmentaient le plus les populations. Les soldats, mal payés la plupart du temps, fourrageaient les campagnes, les officiers commettaient de ces excès qui devaient un peu plus tard être tant reprochés au maréchal de Marillac et servir de prétexte pour faire tomber sa tête. Mais les paysans, écrasés sous le fardeau, se relevaient parfois avec l'énergie du désespoir, et le lieutenant général eut à calmer une rébellion sérieuse. Les habitants de sept à huit paroisses de la baronnie de la Roche, aux portes de Tulle, se mirent en armes contre le régiment de Verdun. Le sang fut versé. Plusieurs capitaines furent tués, d'autres blessés, sans parler des soldats. Le mouvement menaçait de se généraliser. L'insurrection des Croquants, si terrible dans cette même contrée, remontait à peine à trente ans. Pompadour montra à la fois de la modération et de l'énergie, renvoya le régiment, ramena les paysans par la douceur. Cette expédition le fatigua beaucoup. Sa santé ne s'était pas complètement rétablie depuis sa grande maladie, et il rechuta dangereusement. Sa femme fit faire pour sa guérison de nombreuses neuvaines de messes, jusque dans les églises de Paris (à un quart d'écu par messe, quatre sols de chandelle et neuf sols à des pauvres), et le con-

---

[1] Elles avaient eu, chacune, 36,000 livres de dot.

duisit en même temps aux eaux de Vic, en Auvergne, alors en grande réputation.

Maintenant une abondance sagement réglée régnait chez Marie Fabry. On n'y connaissait plus ces alternatives de prodigalités et d'embarras qui l'avaient tant tourmentée. D'interminables procès, la plupart avec des parents, restaient seuls comme une tache dans cette prospérité. Elle voulut travailler elle-même à les éteindre, soit par jugement, soit par transaction. Dans ce but, avec la ferme résolution d'en finir, elle revint à Paris en 1626, emmenant sa fille Charlotte et laissant à Pompadour ses quatre autres enfants, car elle venait d'être mère une cinquième fois. Un frère, qu'on nomma le baron de Treignac, avait été donné au petit vicomte.

Comme Pompadour jouissait, à raison de sa charge, du privilège de *committimus*, tous ses procès étaient pendants à Paris. Il y en avait de très importants, notamment contre le comte de Clermont-Lodève, frère utérin de Marguerite de Montgommery, au sujet de la succession de cette dernière. L'usage était alors de solliciter les magistrats, de plaider sa cause dans leur cabinet avant qu'elle fût discutée à l'audience. Les protections avaient une grande influence sur la justice, on le croyait du moins. Chaperonnée par le président Séguier [1], le plus souvent seule, elle harcelait ses juges, soit pour leur remettre de nouvelles pièces, soit pour obtenir jugement, surtout pour les intéresser à sa cause. Dès quatre heures du matin, elle était dans l'antichambre de son rapporteur; c'était à cette heure anormale que recevaient les magistrats, les audiences ouvrant à six heures. La justice était encore plus lente que de nos jours. Malgré les démarches, les procès n'avançaient pas. La vicomtesse fut retenue beaucoup plus qu'elle ne voulait. Pompadour se plaignait de cette longue séparation, l'invitant à revenir, offrant d'envoyer Foucher à sa place. Elle s'excusait, tâchait de le faire patienter en flattant ses goûts, lui envoyant de beaux habits, des chevaux, lui achetant des chiens quand quelque veneur cassait sa meute, comme M. de Rantilly à l'époque de son mariage. Les deux époux s'écrivaient fréquemment. Leur correspondance était fort

---

[1] Antoine Séguier, oncle de M. d'Aultry, lui avait résigné sa charge de président à mortier, le 17 avril 1624, mais il gardait son titre et même par faveur l'exercice de ses fonctions, et c'est de lui qu'il s'agit.

tendre. Ils s'appelaient l'un l'autre : Mon cher Babou, ma chère
Babou. J'imagine qu'ils avaient emprunté ce surnom aux premiers balbutiements de la jeune Charlotte s'exerçant à pronon-
cer Pompadour. La note familiale était chez eux très exaltée. Ils
aimaient leurs enfants à l'adoration. Il paraît, du reste, que tous
étaient très beaux. « Madame se glorifiait, dit Foucher, de ce
qu'elle ne mettoit au monde que des merveilles. »

A cette époque déjà le commerce des lettres était fort en usage.
Le courrier de Paris, aller et retour, l'ordinaire, fonctionnait
régulièrement chaque semaine. On ne laissait guère partir un
ordinaire sans lui donner des lettres. On profitait aussi des
courriers particuliers du roi, des ministres, des gouverneurs,
ainsi que des messagers assez nombreux qui allaient con
duire à Paris ou ailleurs des chevaux et voitures pour ramener
leurs maîtres. Cette correspondance « d'occasion » était exposée
à beaucoup de hasards, et quand on avait à se dire des choses
secrètes, on adoptait un langage de convention, ce qu'on appelait
le *chiffre* ou le *jargon*. Pendant les troubles de 1619 à 1621,
Pompadour et les siens correspondaient de cette façon. Foucher
avait dressé comme suit le chiffre qui resta en usage dans la
famille :

| | |
|---|---|
| Monseigneur se nommera . . | Brian ou Neufville. |
| Madame . . . . . . . . | l'organe. |
| M. de Schomberg . . . . . | le gros. |
| M. de Rilhac[1] . . . . . . . | l'auteur. |
| Maillot . . . . . . . . . | une † ou le particulier. |
| Vignau . . . . . . . . . | le domestique. |
| Foucher . . . . . . . . . | le nouveau. |
| Malbosc . . . . . . . . | le général. |
| M. Fabry . . . . . . . . . | l'éloigné. |
| etc., etc. | |

Voici quelques lettres de Marie Fabry pendant cette année
1626 qui vit sa plus longue absence. Elles n'ont rien de remar-
quable ni sous le rapport du style, ni pour les pensées et les sentiments. Elles roulent sur l'existence matérielle, les affaires, les
besoins courants, quelques nouvelles. Elles sont néanmoins in-

[1] Gentilhomme de la maison de Joussineau, des meilleures du pays, attaché au service de Pompadour. Son maître l'appelait : Ma vieille épée.

téressantes, comme l'expression intime de la vie et du caractère [1].

Mon cher Babou, je m'étonne que par ce courrier je n'aye point reçu de vos lettres et suis fort en peine de vous. Je vous dirai, ma chère vie, que je vous avois ci-devant écrit de me faire provision d'une litière et de mules pour m'en retourner, que maintenant je n'en ai que faire, d'autant que je me suis accouchée hier d'un faux germe sans avoir de grande douleur. J'espère, avec la grâce de Dieu, que ce ne sera rien. Je te supplie de ne t'en mettre point en peine et de croire que si j'eusse eu guère de mal, je t'eusse envoyé chercher pour me rendre la vie en te voyant. Tout le déplaisir que j'en ai, c'est que nos affaires en seront retardées de huit ou dix jours qu'il faut que je demeure au lit.... Je vous dirai que tandis que j'accouchois, M. le président Séguier m'emmena ici notre rapporteur, là où il fit merveille à conter nostre grand procès. J'espère que quand je serai levée du lit je solliciterai fort nos juges.... Je te prie, pardonne moi si je n'écris davantage, d'autant que je craindrois que cela me fît mal, mais je te conjure de m'aimer toujours et de songer que les plaisirs que je prends en ce lieu sont bien tristes auprès de ceux que j'ai quand je t'embrasse. Souviens toi donc de moi, mon cher cœur, et que je veux mourir pour toi. Je t'envoie mille embrassades et mille baisers. Je te prie de baiser mes petits pour moi, protestant que je demeurerai jusques au tombeau, mon cher Babou,

Votre très humble servante et femme.

M. FABRY.

Paris, ce 13e mai 1626.

Mon cher Babou, j'ai reçu la vôtre du 18e dont je vous remercie très humblement. Vous me mandez que vous eussiez été bien aise que je vous eusse permis de me venir voir ici. Je me fusse trouvée mal si je vous eus donné la peine de venir. Maintenant je me porte bien, Dieu merci. Vous connoitrez à vos affaires dont je vous rends réponse que mon mal ne m'a pas empêché de les faire.... Samedi après dîner je demeurai chez M. Aribeau, notaire, à compter les 7,000 livres à M. le comte de Clermont, dont vous êtes quitte avec lui.... Le procès de Raffit fut jugé hier et nous l'avons gagné bien que notre cause ne fut

[1] Dans un ouvrage très intéressant (*Limoges au XVII° siècle*. Limoges, 1872), M. Laforest a consacré quelques pages à Marie Fabry et publié quatre lettres d'elle. L'auteur vante leur élégante rédaction et croit y trouver la preuve que la vicomtesse avait fréquenté l'hôtel de Rambouillet. Je ne saurais partager ces appréciations. Au reste, Marie Fabry résida presque constamment en province et on ne trouve aucune trace de relations entre les Pompadour et les Vivonne.

pas bonne, mais par mes fort importunes sollicitations je l'ai emporté...
Vous me mandez que je vous envoie de l'argent, je vous en ferai donner à Limoges en mettant que j'en aurai reçu, mais je te donne ma
parole que depuis que je t'ai quitté je n'ai pas touché un sol et pour
ma dépense il a fallu que l'on ait emprunté. J'écris à votre procureur
d'en fournir pour votre dépense et d'en donner suivant vos commandemens. Mais, ma chère vie, c'est bien dépendre, 1,200 livres en si
peu de temps.... Il fait si cher vivre à Paris que c'est une pitié. J'espère d'être à vous dans le temps que je vous ai promis, car je m'ennuie tant que je me mœurs. Moi qui ne vais point aux Tuileries me
promener! Mes promenades sont chez mes juges. A cette heure que
le roi est à Paris et son conseil, j'ai vu M. de Marillac [1] pour demander vos six derniers mois de l'année passée et votre pension pour voir
s'il y a moyen d'en toucher quelque chose. Je ferai ce que je pourrai.
Je vous ai envoyé un habit ces jours derniers, je ne sais s'il vous
conviendra.... Monsieur d'Uzarche [2] m'est venu voir et m'a dict quantité de belles paroles, qu'il iroit au pays bientôt et qu'il fesoit estat
de chasser tous les jours avec vous. Il s'est fort offert à moy pour
mon procès.... Je vois mon frère tous les jours qui me fait de grandes
plaintes toutes les fois qu'il me voit. Il me dit que vous lui mandez
toujours que vous lui enverrez des nouvelles et vous ne lui écrivez que
trois lignes. Je vous prie, écrivez lui des nouvelles de ce que vous
connoissez qu'il désire savoir et écrivez lui amplement, je vous en
prie, car cela le fâche, je le connois bien. Je vois bien que tu ne
m'aimes plus et que tu ne te soucies pas de moi, mais je ne cesse pas
de faire tout ce que je pourrai pour toi. Tu n'es point tant ennuyé
de ne me point voir comme je suis. Aymez-moi donc comme vous
m'avez promis et mandez moi si vous êtes content de votre habit et
de toute la petite oie. Adieu, ma chère âme, je vous envoie mille baisers et mille embrassades. Votre fille vous baise les mains, elle est
admirée de tout le monde. Je demeure jusqu'au tombeau, mon cher
Babou,

Votre très humble servante et femme.<br>M. FABRY.

27e mai 1626.

Mon cher Babou, la vôtre dernière m'a fort affligé de voir que vous
êtes toujours en colère contre moi. Pour moi je n'y songe point du
tout et voudrois avoir donné ma vie et être auprès de vous. Je suis

---

[1] Le garde des sceaux Michel de Marillac.
[2] Roger d'Aumont, abbé d'Uzerche, plus tard évêque d'Avranches. Grand
chasseur, duelliste, orgueilleux et violent, il était surnommé Tarquin le
Superbe.

dans un désespoir incroyable de me voir près de la fin du parlement car nous n'avons plus que trois semaines jusqu'à vacations et on me remet toujours. Cela seroit bien fâcheux d'avoir tant demeuré à Paris et qu'on me remît après vacations, que faudroit que vous ou moi revenions pour solliciter le procès, car tout le monde dit que je ne le peux perdre pourvu qu'il soit sollicité. Je n'attends que voir si l'on le mettra sur le bureau et si M<sup>me</sup> la comtesse de Saint-Pol présentera quelque papier pour le faire retarder après vacations[1]. J'ai tant d'obligation à M. le président (Séguier) que je n'en saurois avoir davantage, car il en fait son affaire propre. Il prit encore hier la peine de me venir voir pour me consoler et me dire que falloit que je prisse patience après tant de larmes que j'avois répandues.... J'ai fait une consultation pour vous où l'on vous ordonne les eaux. Je vous conjure, retournez y et quand il fait chaud. Je vous irai trouver là où j'apprendrai que vous serez; et pour votre voyage vous avez de l'argent à Treignac, du revenu de cette année. Prenez-le et de là et d'ailleurs, de tout votre et je vous prie de ne rien épargner pour votre santé.... Je vous ai acheté un coureur qui est bien gentil. J'en fais chercher d'autres pour vous les mener. Tous mes déplaisirs sont de ne pas être auprès de vous pour vous rendre ce que je vous dois et vous accompagner aux eaux. Je vous supplie donc de vous bien conserver et de me faire l'honneur que de m'aimer et de croire que je ferois compassion, pas aux hommes mais à des rochers; et avec cela l'on dit que faut que je prenne patience. Je prie Dieu qu'il me la donne en le conjurant de vous pouvoir bientôt embrasser. Je vous prie de me mander de vos nouvelles et de mes pauvres petits enfans. Adieu ma chère vie.

Votre très humble servante et femme jusques au tombeau.<br>M. Fabry.

7° août.

Mon cher Babou, je reçus la vôtre du 17° dont je vous remercie. Vous me mandez que perte ou gain vous serez content quand vous me verrez. Je croyois partir la semaine passée, mais M. le président Séguier me retint et me dit qu'il falloit que j'attendis la fin du parlement qui sera la semaine prochaine et si on ne juge pas mon procès je partirai à l'instant car tout mon ménage est prêt.... Et vous dirai que je vous ai fait acheter trois coureurs qui sont hors de prix. Je ne sais si vous les trouverez à votre gré. J'ai dix chevaux sur les bras à

---

[1] La célèbre Anne de Caumont, fille de Marguerite de Lustrac, qui, devenue veuve du maréchal de Saint-André, s'était remariée à François de Caumont. Il s'agissait au procès de la dot d'Isabeau de Pompadour, mère de Marguerite de Lustrac.

nourrir et force monde. Je vous jure qu'il fait cher vivre à Paris et si fort que vous trouverez que j'ai bien dépendu de l'argent et m'en a fallu bien emprunter. Ne pensant pas tant demeurer j'avois baillé tout mon argent là où nous devions.... Je fus hier voir la comtesse de Clermont en son nouveau ménage et de là je fus voir le feu (d'artifice) chez M. de Saint-Géran qui me pria de faire l'honneur de chez lui, car on a reçu tous ceux qui venoient.... M. Tudert m'est venu parler pour un de ses amis qui veut traiter avec ton principal du collège de Pompadour [1] pour être en sa place. Je lui dis, sans m'engager de rien, que je croyois que vous y donneriez votre consentement; mais depuis j'ai appris que c'étoit un homme qui est jésuite, je ne crois pas que vous le ferez, car quand ces gens-là ont un pied en un lieu ils se l'attribuent tout à fait.... Je partirai à la fin de la semaine prochaine et que si vous me voulez obliger vous me ferez plaisir de vous en venir vous deux ou troisième et M. votre frère m'attendre afin que je t'embrasse plus tôt. Je ne me soucie de rien au monde que de votre amitié.... Ce n'est que tristesse en ce lieu. Je ne voudrois pas pour mes deux bras que vous fussiez venu l'hiver passé à Paris, car tous ceux qui y étoient sont mêlés dans l'affaire de Chalais [2]. C'est une mort pitoyable, mais l'on dit que sa femme ne s'en soucie. M. son père et sa mère l'emmenèrent hier en Bourgogne. Je te prie de dire à Malet qu'il songe à bien apprêter tout pour vendanger.... Je t'envoie mille baisers et à mes petits enfans. Adieu ma chère vie, je ne serai jamais en Limosin, car je porte Paris sur ma tête, tant en suis saoule. Adieu, je demeure, mon cher Babou,

Votre très humble servante et femme jusques au tombeau.

M. FABRY.

Mercredi, 26e août.

Pompadour répondait à cette lettre :

Ma chère Babou, je n'ai jamais reçu nouvelles qui me satisfassent tant que de voir que tu t'en viennes. Je t'assure que cela m'a valu plus que toutes les médecines du monde n'auroient fait.... Je ne me soucie de mourir une heure après t'avoir vue, tant je te veux voir et embrasser, tant je t'honore et aime, car je t'honore avec tant de passion que jamais femme du monde ne l'a été de son mari. Je te le témoignerai bien à l'avenir, car je ne ferai jamais rien que ce qui te

[1] Le collège de Saint-Michel, dit aussi de Chanac puis de Pompadour, sis à Paris, rue de Bièvre. Fondé en 1342, par Guillaume de Chanac, patriarche d'Alexandrie. La collation des places (professeurs et élèves) appartenait aux représentants du fondateur. Ce collège fut réuni à celui de Louis le Grand.

[2] Henri de Talleyrand, décapité le 19 août 1626. Sa tête ne tomba qu'après vingt-trois coups d'épée.

plaira et suivrai toutes tes volontés indifféremment. Je te le jure et proteste, mon cœur, et te supplie de m'aimer et croire que je serai toute ma vie

Votre très humble serviteur.<br>POMPADOUR.

Septembre 1626.

Nous avons légèrement amélioré l'orthographe de ces missives, afin d'éviter une vraie fatigue au lecteur. M<sup>me</sup> Séguier ne semble pas, d'après sa correspondance, avoir été très supérieure à sa sœur, comme intelligence et comme instruction. Voici, à titre de curiosité, un échantillon du style et de la grammaire de la chancelière, sans y changer une panse d'a. La lettre est de l'année 1623, avant la naissance du vicomte. Elle donne à son auteur quelques titres à figurer parmi les précurseurs de la nouvelle école orthographique des phonétistes qui veut qu'on écrive exactement ce qu'on entend :

Ma chère cœur, le porteur des vostre ma afflige maiant di queties indispose can me pouvoir dire le mal, lequel jatribu a votre grocaise. Vous naves plus que courage, le temps de vostre accouchement estant proche, comme je croy. Je pri Dieu quy vous donne un beau fis qui esfacera toute vos douleur par sa venu et vous donnera du contantemen. Monsieur de Pompadour vous a pu temoigne la joi que javoi du retour de M. daultry, mais Dieu ne veut pas que je soy jamais contante ou moins parfaitement, man voian de rechef prive. M. depernon la mande pour alle a bourdeau pour lintandance de la giene ; luy natan que le commandeman du roy pour parti. Plegne moy donc, ma chere cœur et compatice a la douleur que ce me coce. Pour la promaice que je faite a m. vostre tre cher espou de vous alle voir ce tete, asure vous que je le couet plus passionemant que percone et quy ni a rien qui me puice empeche de recevoir ce toneur la que la crainte de braver la fortune[1], laquelle crainte estan levee gire pour vous le y temoigne quy ny a percone du monde qui vous aime et honore plus que moy que suis, ma chere cœur,

Vostre tres humble cœur et servante.<br>FABRY DAULTRY.

A dieu je vous donne le bonjour[2].

[1] A raison de son état de grossesse.
[2] La chancelière n'avait pas donné à ses deux filles, la marquise de Coislin et la princesse d'Henrichemont, une meilleure orthographe que la sienne propre. On peut en voir des échantillons dans l'étude biographique de M. Kerviler : *Le Chancelier Pierre Séguier*, p. 183, 186 (Paris, 1874).

## XI.

Les huguenots avaient repris les armes en 1625. Un traité fut conclu avec eux au commencement de 1626, mais une année s'était à peine écoulée que la paix était de nouveau rompue. L'Angleterre promettait d'aider la rébellion et envoyait en effet une flotte qui s'emparait de l'île de Ré (12 juillet 1627). Le duc de Rohan soulevait le Languedoc, et la ville de La Rochelle, après quelques hésitations, prenait parti pour les ennemis du roi. Richelieu décida de porter le dernier coup aux réformés en les attaquant dans leur plus solide forteresse. Dans l'organisation de l'armée royale, Pompadour reçut commission de former un régiment (septembre 1627). Il s'occupa aussitôt de faire sa recrue. Schomberg était en plus forte situation que jamais. Le bâton de maréchal lui avait été donné en 1625 et il était désigné avec le duc d'Angoulême et le maréchal de Bassompierre pour commander l'armée du siège. Pompadour profita de son influence pour demander que son régiment fût mis sous son nom, ce qu'il obtint facilement. Enhardi par ce succès, il pria encore son ami de lui faire accorder une compagnie de chevau-légers et de faire passer le régiment sous le nom de son fils le vicomte. La compagnie de chevau-légers fut refusée, mais le bambin, âgé de six ans, reçut, au mois d'octobre, son brevet de mestre de camp. Foucher fut nommé commissaire pour la levée et la conduite. La levée faite, cette fois avec moins de lenteur, parce que les coffres étaient mieux garnis, le régiment partit pour La Rochelle, commandé par un suppléant du jeune Pompadour, et prit part avec honneur aux opérations du siège. On sait que le cardinal, malgré la présence du roi et des commandants d'armée, était le véritable général en chef. C'est lui qui eut l'idée de faire construire une immense digue dans le bassin qui sert de rade à La Rochelle, afin d'empêcher l'entrée et la sortie de la ville. Il fallait pour ce travail une énorme quantité de maçons, et le Limousin, alors comme aujourd'hui, en fournissait plus que toute autre province. Le roi ordonna, en conséquence, à son lieutenant général de recruter tous les maçons valides qui se trouveraient dans son gouvernement et de les lui faire conduire (2 décembre). L'ordre ne s'exécuta pas sans difficulté. Les maçons

n'étaient pas jaloux d'aller faire leur métier entre la mousque-
terie des Rochelois et la canonnade de la flotte anglaise. Foucher
fut rappelé pour mener à bien cet embauchage. Cinq cents ouvriers environ furent expédiés au roi [1]. Cette affaire devait donner bien du tracas à Pompadour. Partis à la fin de décembre,
les maçons limousins, pris de nostalgie ou de panique, quittèrent
presque tous le camp au bout de quinze jours et regagnèrent
leurs foyers. Le roi fut très irrité contre eux, et le lieutenant général dut employer la force armée pour les faire ramener à La
Rochelle. A cette occasion, Schomberg écrivait à son beau-
frère :

Monsieur mon cher frère, le Roy est bien en colère contre les maçons du Limosin que vous aviez envoyés et qui s'en sont quasi tous
retournés quoiqu'ils fussent bien payés et logés ici. M. Foucher doit
à mon avis savoir d'où ils sont : c'est pourquoi vous pourrez je crois
exécuter facilement ce que le Roy vous mande et je vous supplie de
n'y perdre point de temps, comme aussi à faire venir des recrues de
cent ou deux cens hommes pour votre régiment que j'ai soulagé de
telle sorte que je vous assure qu'il n'y en a point un seul à l'armée
de moins fatigué. Vous avez des capitaines dans le pays qu'il faut
renvoyer en diligence avec ladite recrue, autrement le régiment deviendra en état qu'il le faudra licencier. Tous les travaux de terre et
de mer s'avancent fort, mais nous avons depuis six jours l'hiver qui
les arrête un peu. Conservez-moi, je vous supplie, l'honneur de vos
bonnes grâces, comme je ferai la qualité, Monsieur, de

Votre très humble et très affectionné serviteur.

SCHOMBERG.

Du camp, ce 27e janvier 1628.

La correspondance fut très active entre les deux amis durant
tout le siège. Schomberg envoyait les nouvelles de l'armée et les
ordres du roi concernant le gouvernement de la province. Pompadour tenait le gouverneur au courant de tout ce qui se passait
en Limousin et le renseignait sur l'exécution des commandements de Sa Majesté. Les lettres du maréchal annoncent une
culture d'esprit bien supérieure à celle de son beau-frère. Il écrit
facilement, d'un tour aisé, avec une urbanité parfaite. On a pu

[1] Pour leur voyage de Pompadour à la Rochelle ils recevaient 3 livres
15 sols chacun. Leur salaire convenu était de 8 sols en argent et 4 sols en
pain de munition par jour.

constater, du reste, par les lettres ci-dessus transcrites, qu'une politesse raffinée était alors en usage même vis-à-vis des inférieurs.

Le siège marchait lentement, mais le régiment avait déjà souffert des pertes sérieuses. Un des capitaines, le jeune La Chapelle-Biron, neveu de Pompadour, avait été tué. Dès le mois de février, une nouvelle recrue de cinq cents hommes dut être faite. Le roi se plaignait en même temps de ce que dans quelques compagnies il n'y eût que des enfants pour capitaines et invitait à les remplacer promptement par de bons et vaillants hommes. Pompadour eût été très heureux de prendre sa part des périls et de la gloire de l'armée, mais le roi, consulté, avait trouvé bon qu'il restât dans sa province. Le pays fut en effet très agité pendant l'année 1628.

Les réformés du Limousin se remuaient, obéissant au mot d'ordre de leurs coreligionnaires. Dans la vicomté de Turenne, de nombreuses assemblées de gentilshommes effrayaient les villes voisines, Brive, Uzerche et Tulle. Malgré les édits sur les duels et l'exécution de Bouteville, les querelles sanglantes étaient plus fréquentes que jamais. Les dissidences de religion, les discussions d'intérêt dégénéraient en luttes à main armée. La charge de lieutenant général en l'absence du gouverneur n'était pas une sinécure, et pour maintenir la province dans l'ordre il était besoin d'un homme d'activité, de tact et d'énergie. Il suffira de mentionner quelques-unes des affaires que Pompadour eut sur les bras en cette année 1628, et qu'il sut régler à la satisfaction du roi et du cardinal, pour démontrer qu'il n'était pas dénué de mérite. Ce coup d'œil sur l'état d'une petite province ne laisse pas d'être instructif à un point de vue général. C'est l'image de la France entière qui s'y reflète. Il en allait de même dans les autres régions. Au nord, au midi, sur une foule de points existaient des foyers d'agitation et de désordre, allumés par l'ambition ou l'intérêt privé. Certains personnages se croyaient au-dessus de la loi, entendaient se faire justice par eux-mêmes, se créaient un parti, révolutionnaient un coin du territoire comme s'ils eussent été indépendants de toute autorité supérieure. Cet exposé, en l'étendant à tout le royaume, servirait à expliquer la politique intérieure de Richelieu, si diversement jugée, sévère, implacable, nécessaire peut-être pour

établir enfin la police dans l'État et l'égalité devant le pouvoir
royal, sinon encore devant la loi.

Les frères Roffignac [1] étaient en collision au sujet de la
possession du château d'Allassac, près Brive. Des entreprises
violentes avaient eu lieu de part et d'autre. Le sang avait coulé
plusieurs fois. Les bourgs voisins étaient ravagés, les paysans
pillés, maltraités, chassés de leur demeure. Le trouble avait pris
un tel caractère que le roi avait envoyé le capitaine de Maubuisson avec une compagnie de carabins pour s'établir à Allassac
et contenir les belligérants. En même temps, Pompadour et
Bourdeille, lieutenant de roi en Périgord, avaient l'ordre de
monter à cheval pour seconder le sieur de Maubuisson.

Le baron de Bonneval [2] se livrait à des excès encore plus
graves. Gracié récemment d'une condamnation à mort, il bravait
de nouveau avec plus d'audace les lois protectrices de la liberté
et de la vie des hommes. Les habitants d'Uzerche, voisins de sa
terre de Blanchefort, étaient en butte à son ressentiment et il
les traitait comme au temps du servage. On l'accusait d'avoir
fait enfermer dans les basses-fosses de son château des habitants de cette ville et de les y avoir laissés périr. Bonneval, pour
son excuse, soutenait que pendant son absence (c'est-à-dire pendant sa contumace), les Uzerchois avaient dévasté ses terres et
détroussé ses tenanciers. Le roi avait envoyé l'ordre de le faire
conduire prisonnier au château d'Angoulème. La mission était
grosse de difficultés. Le baron appartenait à une famille des
plus puissantes, avait un parti en Limousin, était l'ami et le
voisin de Pompadour. D'un caractère emporté, méprisant toute
règle et tout danger, il faudrait l'arrêter par surprise ou s'expo-
ser à une résistance forcenée de sa part et même de celle de sa
femme, espèce de folle, toujours à cheval et qui tirait l'épée
comme un reître. Schomberg, qui avait transmis l'ordre comme
gouverneur et qui avait le château d'Angoulème dans son ressort,
ne se souciait pas beaucoup de cette garde et jugeait prudent

[1] Louis et Henri de Roffignac, seigneurs de Saint-Germain-les-Vergnes, près
Tulle, et en partie d'Allassac, près Brive.

[2] Henri de Bonneval, surnommé la Grand'Barbe, seigneur de Bonneval et
de Blanchefort, le même qui avait bâtonné le lieutenant général Chavaille,
député du tiers, aux États de 1615, condamné à mort par contumace, puis
gracié en 1621, par l'entremise de Schomberg : il était l'ennemi juré des Uzerchois, qui avaient pris parti pour leur lieutenant général.

de laisser comprendre au baron qu'après une détention tempo-
raire, il ne s'opposerait pas à sa grâce. Mais Richelieu comman-
dait et il fallait obéir. Pompadour hésita d'autant moins qu'à
propos de l'arrestation d'un autre gentilhomme de ses amis, le
sieur de Brignac [1], il avait failli encourir la disgrâce du cardinal.
Après avoir reçu les explications du prisonnier, il se crut permis
de le mettre en liberté. Mais la chose tournait mal si Schomberg
n'eût pas plaidé pour son beau-frère et calmé la colère de Richelieu. « Vos amis vous ont servi, écrivait-il à Pompadour; autrement l'affaire eût été mal interprétée par ceux du conseil de Sa
Majesté [2]. »

Dans le Haut-Limousin, les sieurs de Mas-Nadaud, les Lora-
dour, rassemblaient des troupes sans commission du roi et
contre son service. Le sieur de Sauvebeuf, en bande armée,
saccageait tout un canton à propos d'un différend d'ordre privé
avec le sieur de Rochefort [3]. Le sieur de Sainte-Aulaire [4] avait
enlevé la demoiselle du Breuil et la tenait séquestrée, contre le
consentement de la dame de la Chassagne, sa mère, et au mépris d'arrêts réitérés du Parlement de Bordeaux. Enfin, la marquise de Murat venait d'être assassinée par les sieurs de la Gane.
Ils étaient cinq frères, tous portant les armes et qui avaient été
condamnés à mort pour ce « crime d'assassin, » mais l'autorité
judiciaire ne pouvait, avec ses seules forces, les saisir dans leur
château de la Gane (près Ussel), qu'ils faisaient bien garder [5].
Le capitaine Maubuisson étant occupé à Allassac, le roi envoyait
son propre exempt des gardes, le sieur de la Ramée, pour avoir
raison de ces rebelles. Il y avait aussi émotion de populaire. Le
bruit avait couru que le roi voulait mettre un nouvel impôt sur la
rivière de Tonnay-Charente, et les ouvriers du merrain, intéres-

[1] De la famille de Royère.
[2] Lettre de Schomberg, 12 février 1628.
[3] Tous ces gentilshommes comptaient parmi les plus riches et les plus
influents de la province. Voir le *Nobiliaire* de Nadaud.
[4] Daniel de Sainte-Aulaire, seigneur dudit lieu et de la Grènerie, près
Uzerche. Père de l'académicien, ami de la duchesse du Maine. Il avait enlevé
Jeanne du Breuil, âgée de cinq ou six ans. Il réussit à la dérober à toutes les
recherches et l'épousa en 1632, lorsqu'elle eut onze ou douze ans.
[5] La marquise de Murat était Claudine de la Tour de Murat (des la Tour-
d'Auvergne), femme de Jean de Laqueuille. Les frères La Gane étaient
Andrieu de leur nom, de petite origine, mais très turbulents. Tallemant parle
des aventures et de la mort de la marquise de Murat (*Historiettes*, art. des
Femmes vaillantes).

sés à la liberté de la batellerie, s'étaient mutinés sur divers
points. Les observations présentées par le lieutenant général
firent abandonner ce projet d'impôt [1].

Nous pourrions charger encore ce tableau, mais cet aperçu
de l'état de la province, en cette année 1628, montre que Pompadour dut y être fort occupé. Toutes ces affaires nécessitaient
son action directe. Elles lui étaient recommandées personnellement par les ministres, les Phélypeaux, les Beauclerc [2], Schomberg comme gouverneur et le roi lui-même. Ce n'étaient pas là de
simples faits délictueux ou criminels qui pouvaient être répri-
més, comme ils le seraient aujourd'hui, par voie de justice réglée, mais des « faits d'État » qui, en temps de guerre civile,
pouvaient avoir les plus dangereuses conséquences, compro-
mettre l'ordre général et la sécurité de toute la province. Depuis
que Richelieu exerçait le pouvoir, les lieutenants de roi recevaient une impulsion énergique. Les nobles, brouillons et impa-
tients du frein, sentaient la main de fer qui les forcerait à
rentrer dans le rang et saurait niveler les têtes trop hautes,
fussent-elles portées par des Marillac, des Montmorency ou des
Cinq-Mars.

Pompadour ne put pourtant se résigner à ne pas voir manœu-
vrer le régiment de son fils, et il insista pour obtenir l'autorisa-
tion d'aller passer quelques jours au camp. Le roi la lui accorda
par la lettre suivante :

Monsieur de Pompadour, ayant su le désir que vous avez de me
venir trouver pour me continuer dans les occasions qui s'offrent les
preuves de votre fidélité et affection au bien de mon service, je vous
ai voulu faire cette lettre pour vous dire que c'est chose que je vous
permets volontiers, vous assurant que j'aurai grand plaisir à vous
voir près de moi pour vous témoigner ce qui est de ma bienveillance
en votre endroit. Sur ce, je prie Dieu, Monsieur de Pompadour, qu'il
vous ait en sa sainte garde. Écrit au camp devant La Rochelle, ce
xx° mai 1628.

LOUIS.

(Et plus bas) PHÉLYPEAUX.

---

[1] Tous ces faits résultent de lettres du roi ou des ministres dont j'ai en
mains les originaux.
[2] Raymond Phélypeaux, seigneur d'Herbault et de la Vrillière, secrétaire
d'État après Paul Phélypeaux, son frère (1560-1629). — Charles de Beauclerc,
secrétaire d'État de la guerre (1560-1630).

La missive royale prouve l'estime dont jouissait Pompadour. Louis XIII lui écrivit, du reste, de très nombreuses lettres, toujours du même ton bienveillant. Ces communications directes avec le souverain flattaient beaucoup ceux qui en avaient l'honneur. La signature du roi exerçait un grand prestige. On n'ignorait pas qu'elle n'était pas toujours tracée de la main du monarque, car il avait près de lui un secrétaire uniquement chargé d'imiter sa signature et qu'on nommait le secrétaire de la main, mais l'effet était le même. La noblesse considérait comme un de ses plus précieux privilèges la faculté d'écrire au roi et l'usage d'en obtenir une réponse.

Pompadour ne fit qu'un rapide séjour au camp. Les ministres l'invitèrent à regagner son poste pour tenir la main aux graves affaires dont nous avons parlé. Après la prise de La Rochelle, le calme se rétablit peu à peu en Limousin. Le lieutenant général put alors se consacrer à loisir aux détails de l'administration. Il se mit en relations suivies avec les officiers des sénéchaussées, visita officiellement les villes de son ressort pour corriger les abus qui s'étaient glissés pendant les troubles. Il édicta, dans cette période, divers règlements qui restèrent en vigueur longtemps après lui. Désormais, il ne s'éloigna guère de son château. Le roi ne réclama pas ses services pour les guerres d'Italie ni pour celles de Languedoc.

Le train de la maison avait été organisé par Marie Fabry sur de larges bases. Le luxe et la richesse s'y déployaient sagement. Ce furent les années heureuses des deux époux. Les premiers de la province par la situation et la fortune, ils dépensaient noblement, faisaient beaucoup de bien, se plaisaient dans les joies de la famille et le commerce de leurs nombreux amis, clients et vassaux. Cette race des Pompadour était bonne. Vingt générations s'étaient succédé dans ce manoir sans qu'aucune eût laissé dans la tradition ou dans les documents un sinistre souvenir. Peu de vieilles familles féodales sont restées aussi indemnes. Le vieux château devint plus que jamais le rendez-vous de toute la région. Les réceptions, les chasses furent encore plus brillantes. Pompadour aurait voulu voir sa maison toujours remplie. Il aimait à répéter le dicton peut-être fait pour lui-même : *Pompadour pompe* [1]. Lorsque « sa cour était petite, » suivant son expression, il en était tout chagrin. Mais elle était peuplée à l'ordinaire. Dans ces intérieurs de grands seigneurs terriens vivait tout un monde de domestiques, d'officiers, de clients : les receveurs, les juges, les procureurs fiscaux ou lieutenants, les greffiers, les chapelains, les médecins attitrés, les précepteurs, les intendants, etc., etc. Le revenu des seigneuries était d'une réalisation très compliquée, consistant en redevances de grains de toutes sortes, de vin, de cire, de volailles, en prestations en nature, corvées, journaux, vinades, en droits de justice, amende, guets, péages.... Tout cela divisé à l'infini, sur des points divers, demandait un très nombreux personnel d'auxiliaires, de préposés, de surveillants, une véritable administration. Nous n'exagérons pas en évaluant à cent personnes au moins, en dehors de la domesticité proprement dite, les gens de service appointés par la maison de Pompadour au chef-lieu de la terre ou dans les seigneuries. La plupart avaient un logement dans les immenses dépendances du château. Leurs femmes, leurs enfants, leurs parents vivaient là. Le receveur de Treignac était dénoncé comme ayant retiré dans le château « quantité de femmes pour son agrément. » Il reconnaissait le fait, mais se justifiait en déclarant que ces cinq ou six dames étaient des parentes de sa femme, ayant toutes un mari. Un frère de Foucher était venu, depuis un an, réclamer près de lui le droit d'asile. Il avait eu à Paris une fâcheuse aventure, qui avait été annoncée à Foucher en ces termes : « Ayant perdu quarante pistoles qui lui avoient été prises en une académie [2], par un certain personnage, et quelques jours après le rencontrant au même lieu, après s'en être encore plus amplement assuré il l'auroit abordé et dit qu'il les lui rendit et ne fît davantage de bruit, dont se sentant sa partie offensée, se jette à

---

[1]         Pompadour pompe,
         Ventadour vante,
         Turenne règne
         Et Châteauneuf
         Ne les craint pas d'un œuf.
         Des Cars richesse,
         Bonneval noblesse.

Ce dicton, rappelant le caractère des plus nobles maisons du Limousin, ne paraît pas remonter au delà du XVIIe siècle (Menestrier, *Recherches du blason*).

[2] Maison de jeu.

la barbe de M. vostre frère et lui en arrache une poignée. Ce qui l'obligea de mettre l'épée à la main et lui en donna deux coups dont il le perça à jour et le laissa pour mort sur la place. Néantmoins il ne laissa de s'en retourner froidement chez lui. » Le frère de Foucher jugea prudent de s'éloigner de Paris. Il ne paraît pas avoir été inquiété dans sa retraite, sous le toit du lieutenant général. Pompadour entretenait tous ces parasites sans y trouver à redire. Dans ses idées, ils faisaient partie du train d'une grande maison. Sans eux, son château lui aurait paru désert, ils l'animaient et au besoin, disait-il, c'étaient des soldats tout trouvés pour le défendre.

Il avait déjà une nombreuse famille, trois fils et quatre filles. Elle devait s'augmenter encore. Marie Fabry, nous l'avons dit, eut dix enfants, dont huit arrivèrent à l'âge adulte et lui survécurent. De son côté, elle quitta peu ses résidences de Pompadour et de Treignac, se consacrant à l'éducation de ses enfants, poursuivant avec persévérance la reconstitution de l'ancien patrimoine, faisant restaurer ou plutôt reconstruire la chapelle de Pompadour et réservant une part de sa fortune pour des fondations pieuses.

En 1631, une terrible contagion ravageait le Bas-Limousin, et une inondation des rivières avait accru la calamité. La population désertait les villes, beaucoup s'expatriaient à l'étranger. Uzerche était infectée à ce point que le siège de la justice royale dut être transporté à Brive. Marie Fabry s'éloigna quelque temps avec ses enfants. Le lieutenant général resta à son poste et veilla aux mesures de salubrité publique. Il échappa à la maladie régnante, mais quoique dans la force de l'âge, il n'avait pas encore cinquante ans, il sentait venir les infirmités. Ce bel homme, d'une si magnifique apparence, n'était pas doué d'une constitution très robuste. Sa santé fut souvent ébranlée et donna des alarmes à sa famille. Il n'en eut pas moins, sauf dans les derniers temps, une vie très active, très fatigante, qui ne fut pas sans influence sur sa fin prématurée.

Au cours de l'année 1632, l'épidémie cessant à peine, il dut faire une expédition en armes à Limoges pour apaiser une singulière querelle. Les Récollets de cette ville s'étaient séparés en deux camps : une partie était établie au couvent de Saint-François, l'autre dans Sainte-Valérie. Des disputes, mêlées le plus souvent de voies de fait, s'élevaient journellement entre ces moines et passionnaient la ville. Le lieutenant général convoqua quelques amis et arriva à Limoges avec un gros de cavaliers. Les Récollets de Saint-François s'étaient barricadés et refusaient d'ouvrir leurs portes : il fallut les briser. Le lieutenant général « donna le premier coup do mail et ensuite la noblesse qui entroint avec luy et aydoint à rompre [1]. » Mais la paix ne fut pas rétablie, et il fut besoin d'une bulle du pape pour terminer ce différend.

Quelque temps après, Louis XIII, revenant de Toulouse où il avait fait exécuter Montmorency, traversa la province, passa à Brive et à Limoges (novembre 1632). Pompadour eut le regret de ne pouvoir se montrer aux côtés du roi dans cette circonstance. Sa santé déclinait. Son ami Schomberg n'arriva pas non plus à la vieillesse. Il le perdit à la fin de cette année [2] et en éprouva un grand chagrin. Cette mort laissait vacante la charge de gouverneur du Limousin. Plus jeune, plus valide, le lieutenant de roi eût été un candidat tout désigné. Il ne se mit pas sur les rangs [3]. Le roi voulut lui accorder un dédommagement. Il le nomma chevalier du Saint-Esprit à la promotion du 14 mai 1633. Au mois de février de cette année, son beau-frère Séguier avait été nommé garde des sceaux.

Le nouveau cordon bleu avait été mandé à la cour pour recevoir le collier, et fit ce voyage avec une certaine appréhension. Pendant son absence, Marie Fabry gérait d'une main ferme les affaires de la maison et peut-être un peu celles de la province. Le 27 avril 1633, les consuls de Brive réunissaient en conseil de ville les habitants pour leur demander si, pendant l'absence du lieutenant général, il ne serait pas à propos qu'ils allassent au nom de la ville faire la révérence à M^{me} de Pompadour et lui offrir leurs services. Et l'assemblée décida par acclamations que les consuls, accompagnés des notables, se rendraient à Pompadour à cet effet [4].

Aussitôt après la réception de l'ordre, Pompadour revint en

---

[1] *Annales du Limousin, dites Manuscrit de 1638*, p. 404 (Limoges, 1872).
[2] Schomberg mourut le 17 novembre 1632, à Bordeaux.
[3] Après un intérim du duc d'Halwin, fils de Schomberg, le duc de Ventadour fut nommé gouverneur.
[4] Archives nationales. Papiers de Bouillon, R 2, 481.

poste à sa résidence. Il s'arrêta à Limoges, chez l'évêque, Mgr de la Fayette, fut visité et congratulé par le corps municipal avec remerciements « de la peyne qu'il avoit prins à Paris pour les affaires de la ville et soulagement du publicq. » A son départ, les consuls et les notables le conduisirent en cérémonie jusqu'à une lieue de la ville [1].

Il avait hâte de retrouver le bien-être et les soins de son foyer, pressentant que le mal dont il était atteint ne devait pas lui pardonner. Tout déplacement lui était désormais interdit, et sa femme ne crut pas pouvoir le quitter 'pour assister au mariage de sa nièce Madeleine Séguier avec le marquis de Coislin, neveu du cardinal-ministre, qui eut lieu le 5 février 1634 [2].

La maladie progressa lentement, dura de longs mois, mais le dénouement fatal était prévu. Pompadour s'éteignit au milieu des siens, le 26 octobre 1634, dans sa cinquantième année, après avoir réglé par testament la situation de sa femme et la tutelle de ses enfants [3]. Ses obsèques furent célébrées à Arnac avec une très grande solennité. On n'avait vu pareil concours de noblesse et de peuple depuis les célèbres funérailles de François de la Tour, vicomte de Turenne, en 1532. L'évêque de Limoges, François de la Fayette, officia en personne. Un récollet du couvent de Tulle prononça l'oraison funèbre [4]. Un chroniqueur rapporte

[1] *Registres consulaires de Limoges*, t. II, p. 288 (Limoges, 1884.)

[2] Il y a une curieuse lettre en latin adressée par le cardinal à Chavigny au sujet de ce mariage. M^me Séguier était orgueilleuse, entichée de la fortune des Fabry et du nom des Séguier. Coislin était bossu. Elle ne trouvait pas ce mariage si avantageux. Richelieu s'amuse de ces prétentions. «.... Il me semble, dit-il, entendre la mère se plaignant du grand tort fait à sa fille. Je pèse les choses avec équité. Si la maison de Richelieu ne peut marcher de pair avec celle de Fabry, la bosse du jeune homme et la figure de la jouvencelle vont assez bien ensemble » (*Lettres, instructions.... du cardinal de Richelieu*, publ. par M. Avenel, t. VII, p. 715). — Tallemant parle aussi des ridicules prétentions de la chancelière. «.... Le chancelier fut assez bon pour aller proposer au cardinal, comme si sa femme l'y avait obligé, de marier sa fille (Charlotte, la cadette) avec M. de Nemours. « Oui, lui répondit le cardinal, en effet, cela serait fort sortable que Victor-Amédée de Savoie épousât Charlotte Séguier. Allez dire à Madeleine Fabry qu'elle rêve » (*Historiettes*, art. du Chancelier Séguier). Devenue veuve du prince d'Henrichemont, Charlotte épousa Henri de Bourbon, duc de Verneuil, fils naturel de Henri IV.

[3] Son testament est à la date du 19 septembre 1634. Il légua 24,000 livres à chacun de ses enfants mâles et 20,000 livres à chacune de ses filles, l'aîné héritier du surplus (Inventaires manuscrits du trésor de Pompadour).

[4] Ce *Discours funèbre* du P. Hilaire Nauche fut imprimé l'année suivante : Tulle, Antoine Sol, 1625, in-8.

que Louis XIII, à la nouvelle de cette mort, s'écria : « Je perds le meilleur gentilhomme de mon royaume [1]. » Cet éloge était mérité. Tous les auteurs contemporains, tous les documents de l'époque, s'accordent pour proclamer ses qualités militaires et ses vertus privées. Vaillant capitaine, fidèle à son prince, attentif aux devoirs de sa charge, réglé dans ses mœurs, religieux, charitable, sa vie commande l'estime. Ses défauts mêmes, son insouciance de grand seigneur, sa prodigalité, son indulgence, ne sont pas pour lui enlever les sympathies.

## XII.

Marie Fabry restait veuve à trente-cinq ans avec huit enfants, dont le plus âgé avait quatorze ans. Le reste de son existence laisse peu à dire. Elle survécut longtemps à son époux sans se remarier, fut tutrice de ses enfants, dirigea sagement leur éducation et les établit tous d'une manière avantageuse. Dans les mœurs du temps, avec sa fortune, sa brillante parenté, ce long veuvage n'annonce pas une femme dévorée par les passions [2]. Elle était dévorée d'activité, de besoin d'agir, de commander, ayant des qualités masculines plutôt que les faiblesses de la femme. Son mari mort, elle exerçait encore sa charge, pour ainsi dire, préparant les voies à son fils aîné, auquel le roi avait accordé la survivance. En l'année 1635, les habitants de Limoges et ceux de Saint-Léonard étaient en grave conflit. Saint-Léonard avait obtenu une petite sénéchaussée tirée de celle de Limoges. Les Limogeaux, à force d'argent, firent révoquer cette concession; bien plus, profitant de ce que leurs voisins avaient

[1] Louis XIII fit mieux que de louer son fidèle serviteur. Il accorda immédiatement la survivance de sa charge à son fils âgé de douze ans. Le baron de Laurière, oncle du jeune vicomte, fut nommé lieutenant général en attendant que son neveu pût prendre la charge.
[2] Foucher était mort quelque temps avant Pompadour. Tallemant raconte qu'il était jaloux du gouverneur, du vicomte. « Celui-ci s'étant un jour approché de la litière de Madame pour lui parler, la rage le saisit, il met l'épée à la main, l'attaque; l'autre se défend et le tue. » — Ce serait passé cinquante ans et après quinze années de bons services que Foucher, marié, père d'une nombreuse famille, aurait fait cette fin. — Nous avons toute la correspondance échangée durant quatorze ans entre Foucher et sa femme « la belle Gédoyn. » Ils s'aimaient tendrement et se montrent l'un et l'autre sincèrement dévoués à Monseigneur et à Madame, leurs bienfaiteurs.

laissé périmer leurs privilèges, ils les imposèrent « aux tailles bien grosses, » au mépris de leurs franchises. C'était la ruine du commerce de cette petite ville. M^me de Pompadour intervint, fit agir son beau-frère le garde des sceaux, finalement amena le triomphe du bon droit. Les privilèges des bourgeois de Saint-Léonard furent maintenus, malgré leurs ennemis. La charte en fut rapportée par les consuls, qui allèrent prendre la vicomtesse à Pompadour et la conduisirent jusqu'à Laurière. Le lendemain, jour de Notre-Dame de septembre, Marie Fabry fit une entrée solennelle à Saint-Léonard, comme un gouverneur, précédée des consuls, de cinquante cavaliers et de la population qui l'acclamait [1].

Disons quelques mots de ce que devinrent les enfants de cette femme énergique. Jean, l'aîné, fut marquis de Pompadour et, comme son père, lieutenant général et chevalier des ordres. Il épousa en 1640, âgé de vingt ans à peine, Marie, vicomtesse de Rochechouart, héritière de cette grande maison [2]. Pierre, nommé dans sa jeunesse le baron de Treignac, embrassa l'état ecclésiastique. Il mourut très âgé, en 1710, pourvu de nombreux bénéfices. Saint-Simon en a laissé un malin portrait. « C'était un petit homme qui, à l'âge de quatre-vingt-cinq ou six ans, couroit encore la ville.... Il avoit un laquais presque aussi vieux que lui et à qui il donnoit, outre ses gages, tant par jour pour lire son bréviaire en sa place et qui le barbottoit dans les antichambres où son maître alloit. Il s'en croyoit quitte de la sorte, apparemment sur l'exemple des chanoines, qui payent des chantres pour aller chanter au chœur pour eux [3]. » Des deux autres fils, l'un mourut âgé de treize ans et l'autre fut chevalier de Malte. Quatre filles furent bien mariées. L'aînée, Charlotte, dont nous reparlerons tout à l'heure, épousa en 1637 Charles de Talleyrand, prince de Chalais, marquis d'Excideuil, etc. Marie fut mariée, en 1649, à François d'Esparbès de Lussan, marquis d'Aubeterre. Marguerite fut marquise de Panilleuse, en Normandie [4]. Jeanne, marquise de Conros, en Auvergne. Esther,

---

[1] Chronique de Pierre Robert dans : *Chartes, chroniques et mémoriaux*, publiés par M. Leroux (Tulle, 1886).

[2] Il mourut le 21 juin 1684, dans son château de Treignac, ne laissant que deux filles pour héritières : les dames d'Épinay-Saint-Luc et d'Hautefort.

[3] *Mémoires de Saint-Simon*, t. V, ch. xxviii.

[4] Sous la date du 15 octobre 1650, Loret parle de ce mariage négocié par la

cinquième fille, choisit la vie monastique. Charlotte, l'aînée de tous les enfants, avait tenu ses promesses. La fillette si adorée du *nonou* Fabry était devenue une très jolie femme et de beaucoup d'esprit. Elle avait épousé, à dix-huit ans, le plus noble et le plus riche seigneur du Périgord. Tallemant vante sa beauté, mais lui donne son paquet comme à sa mère, à sa tante Séguier et à toutes les femmes de son temps. « Quoique le mari et la femme fussent fort dissemblables pour le corps, car il était fort laid et elle fort belle, il n'y avoit rien pourtant de plus semblable pour l'esprit, aussi visionnaires l'un que l'autre.... Elle étoit coquette et le mari jaloux. » Et là-dessus, des histoires incroyables, c'est le cas de le dire. « Elle fit accroire à son mari que le roi étoit amoureux d'elle; mais comme il vouloit se conserver toujours la réputation de chaste, il vouloit que l'affaire fut secrète. Le roi étoit alors en Lorraine, et elle avoit persuadé à son mari qu'on avoit trouvé de certains chevaux qui, en une nuit, amenoient le roi à Paris et le ramenoient en Lorraine, » de sorte que les escapades royales restaient ignorées. Par ce moyen, disait-elle à ce mari crédule, vous et moi gouvernerons tout. « Elle lui contoit combien elle avoit de galants, qui ils étoient et jusqu'à quel point elle les avoit aimés, car on ne dit point qu'elle ait conclu avec pas un.... » Elle se mit en tête que son mari avait tenté plusieurs fois de l'empoisonner, le fit croire à son oncle le chancelier, se jeta dans un couvent, puis quinze jours après revint avec son mari [1]. La marquise d'Excideuil ne fit, en tout cas, que de courtes folies, car elle mourut à vingt-quatre ans, laissant trois enfants. Son mari ne lui survécut qu'une année.

Marie Fabry fut nommée tutrice de ses petits-enfants. Elle dut alors quitter Pompadour, pour résider le plus souvent à Excideuil ou à Paris, afin de surveiller l'éducation de ses pupilles de deux générations. Elle menait de front toutes ces tutelles, administrant avec sagesse ces divers patrimoines. Des années difficiles se représentèrent. Lors des troubles de la Fronde, de 1648 à 1653, elle eut à veiller à la conservation de ses châteaux :

duchesse de Sully entre « Mademoizelle Pompadour » et le « sieur baron de Panilleuse » : René de Presteval, baron de Saint-Pair, marquis de Clère et de Panilleuse, en Normandie (*Muse historique*, t. I, p. 49).
[1] *Historiettes*, article du *Marquis d'Excideuil*.

Treignac, dont elle était douairière, et Excideuil. Elle habitait alors Excideuil, et le roi lui donna ordre de mettre garnison dans ce château, afin de le maintenir en son obéissance. Elle n'était pas neuve pour une mission de ce genre et la remplit avec son énergie ordinaire. Les réparations indispensables furent faites, des troupes appelées et installées. Comme les habitants de la seigneurie n'osaient rester sans défense en plate campagne ou dans les bourgs non fortifiés, un asile leur fut donné dans d'immenses bâtiments provisoires qu'elle fit construire à la hâte sur les terrasses du château. La vieillesse arrivait. Marie Fabry s'attacha davantage à sa fille la religieuse. Celle-là, au moins, était de sens rassis, une femme supérieure par l'intelligence et la raison. Entrée à vingt ans au couvent des Ursulines de Tulle, elle fut nommée prieure après six années de profession et deux ans après élue supérieure (1654). Elle gouvernait admirablement son troupeau depuis huit ans, lorsqu'elle lui fut enlevée. Le monastère de Saint-Bernard, de la même ville, jadis le plus important, avait subi des vicissitudes, demandait à être régénéré. Désignée à l'unanimité par les Bernardines comme seule capable de cette restauration et sur des ordres venus de haut, sœur Marie de Jésus dut accepter cette mission délicate. Elle fit donc une nouvelle vêture et fut installée, le 17 avril 1661, en qualité d'abbesse de Saint-Bernard. Les Bernardines ne furent pas trompées dans leur espoir. Le couvent reprit promptement son ancien lustre. A l'avènement de l'abbesse Marie de Pompadour (elle s'appela désormais ainsi), il n'y avait que treize religieuses appartenant toutes à la petite bourgeoisie. Quelques années après, leur nombre était plus que doublé, et ces recrues sortaient de la plus riche noblesse. Saint Bernard n'avait qu'une chétive église. L'abbesse sollicita la générosité de sa mère et fut écoutée avec empressement. Marie Fabry s'engagea à faire les frais d'une nouvelle construction et délivra d'abord 7,000 livres pour commencer les travaux. Le 4 juin 1662 fut posée la première pierre. Elle avait choisi son tombeau dans le monument qui s'élevait par ses soins. Trois mois s'étaient à peine écoulés que son vœu put être rempli. Elle mourut à Bonne, en Saintonge, le 4 septembre. Suivant sa volonté, ses obsèques furent modestes. Plus tard, sa fille fut couchée près d'elle (1705). L'église fut terminée. Elle abrita jusqu'à la Révolution les prières dès vierges de Citeaux. A la suite, elle devint l'écurie d'une auberge. Ainsi profanée pendant de longues années, elle a été démolie vers 1840 pour agrandir une place publique. Il n'en existe aucun vestige. C'est là, quelque part, que reposent les restes de Marie Fabry et d'Esther de Pompadour.

———

BESANÇON. — IMPR. ET STÉRÉOTYP. DE PAUL JACQUIN.

www.ingramcontent.com/pod-product-compliance
Lightning Source LLC
LaVergne TN
LVHW020951090426
835512LV00009B/1826